Sabine Grumann
Hannas Verwandlung

Für Angela Kuck,
die den Impuls in mir stärkte,
das „kleine Werk" doch zu veröffentlichen.
Mein besonderer Dank geht auch an
Marion, Steffi, Sabine, Lilian und Katharina,
die die Entstehung des Büchleins
auf intensive und vielfältige Weise
geduldig, feinfühlig, herausfordernd,
tolerant und humorvoll
unterstützt haben.

Sabine Grumann, Dipl.Päd., Dipl.Theol., Analytische Kinder- und Jugendlichen-Psychotherapeutin (nach C. G. Jung), niedergelassen in eigener Praxis, Dozentin am C. G. Jung-Institut und an der IB-Hochschule in Stuttgart, über viele Jahre Arbeit als Pastoralreferentin mit Schwerpunkt in der Trauer-, Krisen- und Kranken-seelsorge, Autorin des Buches „*Öffne dem Wunder Dein Ohr. Mit Musik und Tanz dem Fluss des Lebens folgen*".

Sabine Grumann

Hannas Verwandlung

Von der spirituellen Symbolik des weiblichen Körpers

opus magnum

Bibliografische Information der Deutschen Nationalbibliothek
Die Deutsche Nationalbibliothek verzeichnet diese Publikation in der
Deutschen Nationalbibliografie; detaillierte bibliografische Daten sind
im Internet über http://dnb.d-nb.de abrufbar.
© 2018 by opus magnum, Stuttgart (www.opus-magnum.de)
1. Auflage, Version 2.0
Umschlaggestaltung unter Verwendung des Bildes
„Cantique des Cantiques" von Gustave Moreau
Herstellung: Book on Demand GmbH., Norderstedt
Alle Rechte vorbehalten.
ISBN 13: 978-3-95612-200-2

Inhalt

Einleitung

Wenn wir Menschen begreifen könnten, dass die Existenz auf diesem Planeten und dieses Bewusstsein, das wir alle haben, eine alles überragende Kostbarkeit sind, dann würden wir das Leben nicht mehr wie im Schlaf oder Traum verbringen wollen. Wir würden dringend aufwachen wollen, um uns mit all unserer Begeisterungsfähigkeit, Kraft und Ekstase in dieses unglaubliche kosmische Abenteuer zu stürzen. Wir würden begreifen, dass unsere Existenz auf diesem Planeten wahrscheinlich der größte Schatz und das umwälzendste Ereignis in dem uns bisher bekannten Universum sind. Wir würden anfangen, über uns selbst zu staunen, uns unseres Körpers mit seinen vielen Fähigkeiten, unserer Beziehungen zu unseren Mitmenschen und Mitlebewesen und unserer Umwelt zu erfreuen und dankbar mit ihnen in Kooperation zu leben. Wir würden anfangen, das Leben zu feiern in allem, was wir tun. Und die einzig wichtigen Fragen, die sich daraus ergeben, könnten eigentlich nur sein: Wie kann ich leben, um das Wunder unserer Existenz auf diesem erstaunlichen Planeten Erde richtig zu würdigen? Wie kann ich mich für dieses unfassbare Geschenk dankbar erweisen?

(Lutz Müller, 2010, S. 43)

Liebe Leserin, lieber Leser,

im Zitat auf der vorigen Seite werden die zentrale Fragen berührt, die uns auch durch dieses Buch fortwährend begleiten werden: Wie können wir endlich begreifen, welches unfassbare Phänomen unsere Existenz auf diesem erstaunlichen Planeten ist? Wie können wir das Wunder unseres Lebendig-seins und Bewusstseins, das in unendliche Dimensionen zu reichen vermag, richtig würdigen? Wie können wir uns für all das, was wir von der Erde, den unzähligen Lebewesen und Menschen, die vor uns gelebt haben, wir durch ihre Leiden und Freuden und ihre Kreativität geschenkt bekommen haben, dankbar erweisen? Welches ist unsere ureigene Berufung im Zusammenhang mit diesem geheimnisvollen Lebensprozess? Wie kann unser Beitrag aussehen?

Diese Fragen beschäftigen mich schon seit Langem, aber immer wieder erlebe ich, dass ich sie vergesse, dass die Bedürfnisse, Anforderungen und Erwartungen des alltäglichen Lebens meine Aufmerksamkeit und mein Interesse ablenken, ich den Zugang zu meiner inneren Sehnsucht, meiner inneren Stimme, meiner „eigentlichen" Spur irgendwie verliere und manchmal gar nicht mehr finden kann. Warum ist das so? Warum ist das „Nebensächliche" oft so viel wichtiger als das „Eigentliche"? Hat das irgendwas damit zu tun, dass wir vom „wahren" Leben und unserer schöpferischen Lebensenergie so weit entfremdet sind, dass wir sie gar nicht spüren können? Oder sind wir einfach noch nicht „reif" genug für diese Einsichten und die damit verbundene Verantwortungsübernahme?

So hat es auch bei mir eine ganze Weile gedauert, bis ich die Energie, aber auch den Mut fand, dieses Buch mit seinem etwas heiklen Thema zu verfassen. Die entscheidende Ermutigung bekam ich durch den Traum einer Klientin, der uns beide tief beeindruckte, nicht nur wegen des Inhalts, sondern auch aufgrund der Tatsache, dass es einen solchen Traum überhaupt gab. Aus welchen Quellen war er gekommen? Mit welcher spirituellen Weisheit war er verbunden? Stammt vielleicht alle Religiosität aus der Erfahrung solcher Träume und Visionen aus dem Unbewussten?

In dem Traum, den ich später ausführlicher schildern werde, ging es u. a. darum, dass die Klientin erst ganz nackt werden musste, bevor sie ein neues Gewand bekam. Deshalb hat uns beide das Thema des nackten weiblichen

Körpers, die Scham und die Lust, die Angst und die Schönheit, die mit ihm verbunden sind, intensiv beschäftigt. Trotz aller Aufklärung und vermeintlichen Freizügigkeit haben gerade auch junge Frauen hinsichtlich ihres Körpererlebens viele Komplexe und Unsicherheiten. Es schien uns, als würden wir mit unserem Thema uralte Tabuisierungen berühren, die bis heute nicht wirklich bewältigt sind.

Wir fragten uns natürlich auch, wie es überhaupt zu der Abwertung und Unterdrückung des weiblichen Prinzips, des weiblichen Wesens und der weiblichen Natur in den patriarchalen Kulturen und monotheistischen Religionen kommen konnte? Haben die Tiefenpsychologen und -psychologinnen recht, wenn sie sagen, dies sei vermutlich eine Gegenreaktion auf eine ganz tiefsitzende Angst des Männlichen vor dem Weiblichen, eine Abwehr ihrer ursprünglichen Mächtigkeit, ihrer sexuellen und lebenhervorbringenden Potenz? Eine Abwehr der Abhängigkeit des Männlichen vom Weiblichen, seiner fortwährenden Sehnsucht nach Verschmelzung mit ihr? Ist es so, dass die patriarchalen Verhältnisse die ursprüngliche Rangfolge in der Bedeutsamkeit für das Leben umgekehrt haben? Sind möglicherweise die Frauen die eigentlichen „Herren" der Schöpfung? Rein biologisch gesehen spräche sehr vieles dafür.

Angeregt durch den erwähnten Traum werden wir uns in diesem Buch deshalb mit dem weiblichen Prinzip beschäftigen, vor allem, wie es sich in der Eigenart und Symbolik des weiblichen Körpers ausdrückt. Mir scheint, dass gerade die intensive Beschäftigung mit ihm einen bedeutsamen Beitrag leisten kann zu den kulturellen Themen und Fragestellungen unserer Zeit. Kaum irgendwo anders findet sich die offenbar immer noch weitgehend ungelöste anstehende Entwicklungsaufgabe des Menschen klarer und deutlicher gespiegelt. Durch den weiblichen Körper hindurch scheint die große Sehnsucht der Frau sowie die Sehnsucht allen Lebens, endlich aus einer passiven Zuschreibung und Opferrolle herauszutreten, ureigenen Sinn wieder zu finden und etwas unendlich Wesentliches und Wichtiges in der menschlichen Evolution beizutragen, etwas, das nicht der bloßen Übernahme und Erfüllung patriarchaler Werte, Normen und Vorstellungen entspricht.

Der weibliche Körper in seiner fließenden Form gilt als eines der großen Symbole des Eros. In ihm spiegelt sich das menschliche Bedürfnis nach Zärtlichkeit, Liebe und Hingabe, nach

Schönheit und Harmonie, nach Bezogenheit bis hin zur Verschmelzung, nach Einswerdung, Auflösung und Erlösung von allem blinden Egozentrismus und Leistungsdruck, nach Einheit und Ganzheit. Von daher scheint es mir, als sei es ganz besonders Aufgabe der Frauen, die Bewusstheit über die unendliche Verflochtenheit und Verbundenheit des Menschen mit der Erde und der Schöpfung in die Welt zu tragen. Der männliche Körper und oft auch seine Psyche scheinen mehr auf Jagen, Kampf und Siegenwollen eingestellt zu sein.

In dem Buch stellen wir immer wieder Bezüge zur Psychologie C. G. Jungs her. Sie gehört zu den ersten Richtungen, die dem weiblichen Prinzip eine zentrale Bedeutung zugeschrieben haben. Das zeigt sich z. B. in der Forderung, auch Männer sollten sich ihrer weiblichen Seiten („Anima") bewusst werden und sie auch leben. Auch der besondere Stellenwert, den Emotionen, Intuitionen, Imaginationen und Symbole – Bereiche, die traditionellerweise mehr dem Weiblichen zugeschrieben werden – für die Analytische Psychologie und Therapie haben, geht in diese Richtung.

Und wenn der Bereich des Unbewussten oft auch eher mit einem weiblichen Vorzeichen gesehen wird, ist darin keine Abwertung zu sehen, sondern eine starke Aufwertung. Denn nach Auffassung der Analytischen Psychologie werden alle psychischen Prozessen, auch die bewussten, weitestgehend von einer unbewussten, körpernahen Intelligenz und Weisheit gesteuert. Das Unbewusste ist der Ursprung alles Schöpferischen, Lebendigen, allen Bewusstseins. Die „Große Mutter" als eine der Personifikationen des Unbewussten, ist ja Göttin des Himmels und des Universums, der Erde, des Meeres, die Schöpferin des Lebens, der Pflanzen, Tiere und Menschen: Wahrlich nichts Geringes.

So also konzentriert sich das vorliegende Buch in seinen Ausführungen auf den weiblichen Körper. Es ist geschrieben für Frauen, die sich für Wahrhaftigkeit interessieren, vom Wunder der weiblichen Nacktheit berühren lassen wollen, aus der dualistischen Sichtweise soweit als möglich heraustreten, füreinander Verständnis entwickeln und gemeinsam für die Zukunft der Erde eintreten wollen. Es ist auch geschrieben für Männer, wenn sie tiefer verstehen wollen, wie es sich anfühlt, eine Frau zu sein und wenn sie ihre eigenen weiblichen Aspekte (von denen sie mindestens 50% mitbekommen haben) besser zulassen möchten.

Das Buch lädt Menschen ein, weiter an Mut zu gewinnen, um das, was sie wirklich sind, was im tiefsten Inneren ihrer Seelen wohnt, ehrlich und verantwortungsvoll nach außen zu tragen. Und vielleicht können wir dann alle entdecken, dass wir das Wunder, das wir immer woanders suchten, schon immer selbst gewesen sind in unserer unmittelbaren nackten körperlichen Existenz und unserem puren Dasein.

In diesem Sinne wünsche ich Ihnen einen abenteuerlichen und spannenden Weg entlang des weiblichen Körpers. Möge er Sie irgendwie, irgendwann und irgendwohin zum Ziel führen, dem Finden und Heben Ihres ganz persönlichen Schatzes!

Ihre Sabine Grumann

1. Hannas Traum

Das Buch beginnt mit dem geheimnisvollen Traum einer jungen Frau. Sie ist knapp 20 Jahre alt. Vor einiger Zeit suchte sie therapeutische Hilfe auf, da sie von eigentümlichen Träumen heimgesucht wurde. Diese erstaunten und ängstigten sie zugleich. Und sie schien sich plötzlich nicht mehr sicher, ob mit ihr soweit alles in Ordnung sei. Eine Überlegung ihrerseits war, möglicherweise an einer schwerwiegenden psychischen Erkrankung zu leiden. Ich habe der geheimnisvollen jungen Frau, deren konkrete Gestalt und Biographie den Leserinnen und Lesern des Buches weitgehend verborgen bleiben wird, den Namen Hanna gegeben.

Als Hanna das erste Mal die Praxis betrat, wirkte sie schüchtern und zurückhaltend, für mich wenig greifbar. Doch dann begann sie von ihren Träumen zu berichten und machte mich neugierig. Ich fühlte mich berührt von den Botschaften ihrer inneren Welt. Sie schienen tief aus dem Unbewussten aufzusteigen und nach einem Weg in die Welt des Bewusstseins zu suchen. So drückt sich beispielsweise in einem ihrer Träume auf markante Weise die spirituelle Symbolik der Nacktheit aus, wie das

Buch sie in ihrer Bedeutsamkeit eingehender zu thematisieren versucht.

In einem großen, geheimnisvollen Wald mit mächtigen, uralten Bäumen befindet sich eine mit grünem Gras bewachsene Lichtung. Auf der Lichtung steht ein Mensch, dessen geschlechtliche Identität nicht eindeutig erkennbar ist. Seine Erscheinung wirkt androgyn. Der Mensch trägt ein Kettenhemd, das an die Rüstungen der Römer und der Ritter erinnert. Das macht ihn irgendwie zeitlos. Einen Helm trägt er nicht. Nur sein Herz hält er geschützt. Im Traum wird mir plötzlich klar, dass ich selbst dieser Mensch bin. In dem Moment, in dem mir das bewusst wird, bricht der Himmel auf und ein Lichtstrahl scheint auf die Lichtung. Ich stehe ganz im Licht. Da werde ich von einer unsichtbaren Stimme angesprochen. Ich falle vor Schreck und Ehrfurcht auf die Knie. Die Stimme schlägt mir vor, das Kettenhemd auszuziehen, das ich trage. Ich brauche es nicht mehr. Es behindere mich nur auf meinem weiteren Weg. Wütend erhebe ich mich von den Knien und teile der Stimme mit, dass sie eindeutig zu viel von mir verlange. Wenn ich das Hemd auszöge, könne ich mich nicht mehr schützen. In Anbetracht der vielen Facetten, die das Leben habe, sei mir das aber sehr wichtig. Die unsichtbare Stimme ermutigt mich daraufhin, meinen ureigenen Weg zu finden und zu gehen. Gleichzeitig gibt sie mir zu verstehen, dass sie mich nicht ablehnen wird, wenn ich mich anders entscheide.

Im Traum höre ich mich sagen, dass es genau das sei, was ich wolle, meinen ureigenen Weg finden und gehen. Dies mit ganzem Herzen zu tun, bedeute für mich allerdings eine sehr große Herausforderung. Nachdem ich fertig gesprochen habe, ziehe ich das Kettenhemd aus und stehe nackt im Lichtstrahl. Von irgendwoher fällt ein dünner, leuchtend blauer Umhang auf das Gras, direkt vor mich. Die unsichtbare Stimme bittet mich darum, ihn umzuhängen, damit er mich schütze, mehr als alles, was ich vorher getragen habe. Der Name des Umhangs heiße „Liebe". Ich fange voller Dankbarkeit an zu weinen. Der Lichtstrahl verschwindet. Ich wache auf.

Wenn Menschen versuchen, sich ins Bewusstsein zu holen, wovon sie nachts träumen, werden ihnen vermutlich in erster Linie alltägliche Geschäftigkeiten in den Sinn kommen. Vielleicht fällt es ihnen überhaupt schwer, sich an ihre nächtlichen Träume zu erinnern. Sie halten sie für viel zu banal und unbedeutend, als dass sie sie am nächsten Tag noch beschäftigen dürften. Möglicherweise meinen sie, auch gar nicht zu träumen. Es könnte doch sein, dass bedeutsame Träume nur manchen Menschen widerfahren. Dagegen spricht unser heutiges Wissen, dass offensichtlich alle Menschen jede Nacht träumen. Träume entstehen in den sogenannten REM-Schlaf-Phasen, wovon es mehrere innerhalb eines Nachtschlafes gibt. In den Träumen verdauen Menschen die Geschehnisse des Tages. Wissenschaftlich umstritten bleibt, ob sie darüber hinaus tiefer gehende Themen, Fragen, Probleme, die ihrem Tages-Bewusstsein gar nicht oder nur teilweise zugänglich sind, bearbeiten. Damit einhergehend wird immer wieder über die Bedeutsamkeit von Trauminhalten diskutiert. Wie dem auch sei, Träume zeigen sicherlich Wirkung für den Menschen und sein Umfeld. Dabei wird auch überlegt, wie genau der Mensch die Sprache der Träume übersetzen, verstehen und verwenden kann. Darin ist sich die Forschung auch nicht ganz einig. In jedem Fall aber sprechen die Träume in einer eigenen Sprache zum Menschen, die nicht identisch ist mit der Sprache seines Tages-Bewusstseins. Daher macht es selten Sinn, nächtliche Träume, die Menschen erinnern, wortwörtlich und konkret zu nehmen. Sehr viel wahrscheinlicher ist, dass sie eine verschlüsselte Botschaft anbieten, die die Träumenden zum Entschlüsseln einlädt. Natürlich nur dann, wenn es sie tatsächlich interessiert, was das Unbewusste ihnen mitteilen möchte.

Mit Blick auf den Traum der jungen Frau Hanna sticht vor allem der markant auftretende Aspekt der Nacktheit hervor. Ihre spirituelle Symbolkraft ist uralt. Als Sinnbild vereint sie seit jeher mehrdeutige Aspekte in sich. Bezüglich ihrer hervortretenden sexuellen Körperreize gilt sie vor allem in der kirchlichen Tradition als Symbol der Verführung und Wollust. Die biblische Tradition sieht in der paradiesischen Nacktheit Adams und Evas ein Sinnbild für die Unschuld vor dem Sündenfall. Im Zusammenhang mit dem symbolischen Verständnis von Kleidung als Zeichen für die Weltverhaftetheit wird mit Nacktheit des weiteren ein asketischer Aspekt verbunden. Nacktheit gilt außerdem als Zeichen der Erinnerung des Menschen an seine eigene Geburt – nackt und bloß kommt er auf die Welt. In der kirchlichen Tradition findet sich darüber hinaus ein Aspekt von Nacktheit als bedingungslose Unterwerfung unter den Willen Gottes. Die Entkleidung eines verurteilten Verbrechers galt als Zeichen des Verlustes seiner gesellschaftlichen Stellung. Mit Blick auf die unverhüllte und unverstellte Erscheinung eines nackten Menschen wird die Nacktheit auch als Sinnbild für Reinheit und Wahrheit betrachtet. Die „nackte Wahrheit" zu vertragen, fällt dem Menschen des öfteren schwer. Es gehört offenbar zu den anspruchsvollsten Dingen, dass er sich anzusehen wagt in seiner natürlichen Ursprünglichkeit ganz ohne maskierende Schminke und Bekleidung. Dieser Sinn-Aspekt von Nacktheit spielt vor allem in Initiationsriten und Einweihungsritualen eine große Rolle. Im spätantiken Mithras-Kult ging es darum, dass sich Kandidat und Kandidatin in ihrer Nacktheit als Neugeborene darboten und sich in ihrer völligen Entblößtheit ganz an höhere Mächte und Kräfte auslieferten.

Wie bereits in der Einleitung beschrieben, konzentriert sich das vorliegende Buch besonders auf die spirituelle Symbolik der Nacktheit im Sinne von Echtheit, Unverstelltheit, Natürlichkeit, Ursprünglichkeit und Authentizität. Der nackte Körper des Menschen als Inbegriff seiner Da-Seins-Bestätigung auf dieser Erde und als Ausdrucksgestalt für das Mysterium des Lebens lässt seinen überaus kostbaren Wert nur erahnen. Beständig und ununterbrochen verwirklicht sich das göttliche Geheimnis in ihm und durch ihn. Es zeigt sich in seiner Lebendigkeit, Liebesfähigkeit, seinem Fühlen und Denken, seiner Fantasie und Tatkraft sowie seinem Bewusstsein, das den Menschen seine Existenz und die des göttlichen Geheimnisses erkennen lässt. Die Tatsache, dass gerade ein junger Mensch einen Traum mit einer derartigen spirituellen Symbolik träumt, vermag der Welt Hoffnung zu schenken. Sie kann den Glauben an die schöpferische Kraft der jungen Generation wecken, in der sich eine freundliche Zukunft für Mensch und Erde ankündigt. Bedeutsam scheint mir außerdem, dass eine Frau einen solchen Traum träumt. Mit Blick auf das lang andauernde Zeitalter der patriarchalen Kultur deutet der Traum vielleicht nicht nur auf die persönlich anstehende Entwicklungsaufgabe der jungen Frau hin, sondern angesichts seiner tiefen Symbolik viel mehr noch auf den global anstehenden Wandel der Welt. Die spirituelle Symbolik weiblicher Nacktheit im Menschen erneut wachzurufen und bestmöglich in sein Da-Sein zu integrieren, scheint mir zu den dringlichen Aufgaben zu gehören, vor denen der Mensch aktuell steht. Diese zeigt sich nicht nur in den Träumen einzelner Menschen und Frauen. Sie zeigt sich ebenso im äußeren Geschehen der Welt, wobei sich das Buch in seinen Ausführungen vorwiegend auf die innere Welt des Menschen konzentriert.

So versuchen die folgenden Kapitel der genaueren Betrachtung nachzugehen, wie die Nacktheits-Symbolik in die Gesamtheit des beschriebenen Traumgeschehens eingebunden ist.

2. Anfang eines Weges –
Traum-Aspekte und deren Symbolik

Seinen Anfang findet der Traum in dem einfachen Hinweis auf eine Lichtung mitten im Wald.

In einem großen geheimnisvollen Wald mit mächtigen uralten Bäumen befindet sich eine mit grünem Gras bewachsene Lichtung.

In den uralten Sinn-Bildern der Menschheit begegnet der Wald als eines der bedeutendsten menschlichen Ur-Symbole. In ihm drückt sich zumeist das Unbewusste aus. Darunter wird all das verstanden, wozu das Tagesbewusstsein des Menschen keinen direkten Zugang findet. Es liegt im Dunkeln und Verborgenen der menschlichen Seele und bestimmt zugleich doch zu einem ganz beträchtlichen Teil sein Sein und Handeln. Die Existenz des Unbewussten weckt Neugier, Abenteuerlust und Spannung. Ebenso stark kann sie Angst und Unbehagen im Menschen hervorrufen. Es ist dieses Fremde, Unbekannte, auch Unberechenbare und Unkontrollierbare, das es dem Menschen unheimlich zumute sein lässt. Er würde gerne Klarheit in das nebulöse Dunkel bringen und sehnt sich danach, lichte Stellen aufzutun.

Von einer solchen Stelle spricht der Traum, wenn er auf die mitten im Wald mit grünem Gras bewachsene Lichtung hinweist. Das Bild der Lichtung kündigt an, dass etwas ins Bewusstsein dringen will. Die Redewendung „mir geht ein Licht auf" ist vermutlich vielen Leserinnen und Lesern bekannt. Der Mensch gebraucht sie dann, wenn ihm etwas klar zu werden beginnt. Plötzlich scheint er etwas zu begreifen, das er kurz vorher noch nicht recht greifen konnte. Er beginnt Dinge in einem ganz neuen Licht zu sehen. Dieser Aspekt wird im Traum augenscheinlich durch das wachsende grüne Gras versinnbildlicht. Mit ihm verbindet sich symbolisch betrachtet häufig der Aspekt hervorbrechenden neuen Lebens. Bereits im frühen gnostischen Gedankengut findet sich vergleichbar der Waldlichtung im Traum die Vorstellung der Lichtsamen. Die mittelalterliche Alchemie spricht von den göttlichen Funken oder scintillae, die die schwarze Wandlungssubstanz durchdringen.

Auf der Lichtung steht ein Mensch, dessen geschlechtliche Identität nicht eindeutig erkennbar ist. Seine Erscheinung wirkt androgyn.

Im ersten Moment wird manche Leserin und mancher Leser hier vielleicht an eine sexuelle oder eine geschlechtliche Identitätsfindungs-Thematik denken. Diese Entwicklungsaspekte sind keineswegs untypisch für eine junge Frau in Hannas Alter. Tiefer liegend verbirgt sich möglicherweise auch die Frage, ob die Träumerin in ihrem Wesen enger mit dem Bewusstsein oder mit dem Unbewussten verbunden ist. Die Mythologie ist voll von Symbolen des Bewusstseins und des Unbewussten, wobei das Bewusstsein von den Menschen seit je her dem sogenannten männlichen Ur-Prinzip, das Unbewusste dem weiblichen Ur-Prinzip zugeordnet wird. Im spirituellen, nach Verbundenheit, Vollständigkeit und Ganzheit strebenden Sinn sucht etwas in der Träumerin die Vereinigung von Unbewusstem und Bewusstsein, von innerer und äußerer Welt. Die Assoziation vom androgynen, kosmischen Menschen, der alle ihm innewohnenden Aspekte seines Seins mehr oder weniger in sich integriert, die geschlechtsspezifische Trennung ein Stück weit aufhebt, aus der dualistischen Sichtweise, dem Entweder-Oder, dem Alles oder Nichts, herauszutreten und ganzheitlicher zu empfinden versucht, ist uralt.

Der Mensch trägt ein Kettenhemd, das an die Rüstungen der Römer und Ritter erinnert. Es macht ihn irgendwie zeitlos.

Dass es bisweilen schwierig sein kann, das Alter eines Menschen richtig einzuschätzen, wird manchen nicht ganz unbekannt vorkommen. Ungewöhnlich scheint hier zu sein, dass der im Traum auftretende Mensch zeitlos ist. Auch die Zeitlosigkeit findet sich in ihrer symbolischen Bedeutung bereits in der Mythologie. Dort, wo sich Zeit und Raum aufheben, begegnet dem Menschen Ewiges und Allgemeingültiges. Die historische Kleidung des Menschen verstärkt die Ahnung, dass der Traum uralte Weisheit vermitteln und ins Bewusstsein bringen möchte. Dem Alter des Traummaterials nach zu schließen, geht es um eine Botschaft, die die persönliche Bedeutung für die Träumerin weit übersteigt. Augenscheinlich bedient sich die Weisheit des Traumes Hannas Körper, Seele und Geist, um ans Licht dringen zu können.

Einen Helm trägt er nicht. Nur sein Herz hält er geschützt.

Das Herz ist das Organ im Menschen, das für die Zirkulation des Blutes im ganzen Körper zuständig ist. Es pumpt in einem beständigen Rhythmus, indem es sich öffnet und schließt, verströmt und aufnimmt. Wenn es versagt, ist Leben nicht weiter möglich. Neben der lebensnotwendigen physiologischen Aufgabe im menschlichen Organismus gilt das Herz als Sitz der Emotionen, der Sinnlichkeit und des Eros. Zu ihnen tiefen Zugang finden zu können, gehört zu den großen Geheimnissen und Stärken, die besonders den Frauen zugeschrieben werden.

Das Kettenhemd, welches der Mensch im Traum trägt, kann auf der seelischen Ebene ein Schutz vor der Wirkmacht der Emotionen sein, vor dem wahrhaftigen Spüren von Trauer, Schmerz, Enttäuschung, Ärger, Hass und insbesondere der Liebe. Denn sie hemmt die rohe Kampfeskraft, macht den kernigen Helden schwach und weich, verdreht ihm den Kopf, bringt seine gut überlegte Kampfesstrategie und seine Pläne durcheinander. Beginnt sie in voller Leidenschaft zu erblühen, lässt sie ihn die Kontrolle verlieren und mit ihr auch seinen Ehrgeiz und die Gewissheit des Sieges. Wenn er jemandem Zutritt zu seinem Herzen gewährte, würde er im gleichen Moment verletzbar und angreifbar. Er gäbe seine Macht aus der Hand, machte sich ein Stück weit zum Ohnmächtigen, zum Offenen und zur Hingabe Bereiten, überließe sich ganz der bisweilen bedrohlichen Wirkmacht der Liebe.

Sowohl anatomisch wie psychisch und energetisch gibt es eine enge Verbindung zwischen dem Herz und der Brust des Menschen. Das weist auch auf eine enge Verbindung der Emotionen mit der Sexualität hin. Im Bereich der Chakrenenergie gehören Herz und Brust dem gleichen Chakra an, dem vierten. Herzschmerz kann sich in Brustschmerz ausdrücken, was neben weiteren Faktoren ein Aspekt für Erkrankungen der Brust sein kann. Im Herz- wie im Brustschmerz eines Menschen drücken sich bisweilen sein ganz persönliches Leiden ebenso wie ein Mitleiden an den Verwundungen der Erde aus. Beide können Ausdruck der Sehnsucht sein nach wahrer emotionaler Intimität, nach Echtheit und Ursprünglichkeit seiner selbst.

Symbolisch wird das Herz auch mit dem Dreieck in Verbindung gebracht, insbesondere mit dem weiblichen Dreieck, dessen Spitze nach unten weist. Im Dreieck vereinen sich die Polaritäten, um ganzheitlicheres Leben zu ermöglichen. Es führt aus der Entweder-Oder- und Alles-oder-Nichts-Haltung und mit ihrer Wandlung aus einem allzu streng und starr geprägten dualistischen Denken heraus. Einem Denken, in dem es nur Gewinner oder Verlierer, Täter oder Opfer, Ordnung oder Chaos, Verstand oder Irrsinn gibt. Durch die Energie des Herzens hindurch wird die Frau zur Weisen und Wissenden. Im Herz liegt ihre primäre Möglichkeit, zu den Geheimnissen des Lebens vorzudringen, um sie nach und nach in sich integrieren zu können. Somit versinnbildlicht das Herz auch eine spirituelle Funktion, zu der gerade Frauen einen ganz besonderen Zugang finden können.

> *Im Traum wird mir plötzlich klar, dass ich selbst dieser Mensch bin. In dem Moment, in dem mir das bewusst wird, bricht der Himmel auf und ein Lichtstrahl scheint auf die Lichtung. Ich stehe ganz im Licht.*

Das Symbol-Bild der Frau in Männerkleidung kann unterschiedliche Assoziationen wecken. Die in Lothringen geborene Johanna von Orleans, Jeanne D`Arc, die heilige Jungfrau, passt in das Bild. Einer mittelalterlichen Legende nach wurde sie für ihr heldenhaft-heiliges Dasein, für ihre visionären Fähigkeiten verbunden mit einer außerordentlichen Führungsstärke und Kampfeskraft, bereits als junge Frau auf dem Scheiterhaufen in Rouen, in der Normandie, verbrannt. Auch das sagenumwobene Volk der Amazonen, das während der griechischen Blüte-Zeit gelebt haben soll, versinnbildlicht die Frau in Männerkleidung. Bis heute kann man wohl nicht sicher sagen, ob es wirklich und real existiert hat. Die Amazonen sollen ein Volk gewesen sein, das ausschließlich aus weiblichen Kämpferinnen bestanden und auch eine darauf ausgerichtete Kultur der sexuellen Fortpflanzung gelebt hat. Kontakt zu Männern wurde augenscheinlich nur im Hinblick auf die sexuelle Fortpflanzung praktiziert und neugeborene Kinder männlichen Geschlechts sofort abgeschoben. Die rechte Brust schnitten sich die Amazonen der Überlieferung nach ab, um Pfeil und Bogen und weiteres Kampfgerät gut am Körper anlegen zu können. Diese Frauenfiguren verkörpern Heldinnen, wie sie immer wieder in Träumen von Frauen auftauchen. Auch Männer träumen verhältnismäßig oft von heldenhaften Motiven. Das Symbol des Helden und der Heldin gehören zu den typischen Symbolen, die der patriarchalen Kultur entstammen. Und Hanna träumt ein solches Motiv.

Die Rüstung, die die Heldin des Traumes zur Bekleidung trägt, lässt einen starken, unsichtbaren Schutzpanzer der Träumerin im alltäglichen Leben vermuten. Vielleicht ist er Ausdruck ihrer Schutz- und Abwehrmechanismen, wie sie alle Menschen im Laufe des Lebens erwerben und verinnerlichen. Dazu gehören Vorstellungen, Normen, Werte und Regeln, die sie von ihren Eltern übernommen haben, von ihren Lehrern, von den Glaubenssystemen, der Kultur und Gesellschaft, in die sie hinein geboren worden sind. Das Kettenhemd der Traumheldin könnte mit der Übernahme derartiger Normen, Regeln, Werte in Verbindung gebracht werden. Im Blick auf ihr äußeres Leben dient es ihr vielleicht zum Schutz. Ebenso kann es ihr hilfreich sein in Bezug auf die mächtigen Kräfte, die im Inneren ihrer Seele wohnen und bisweilen mit aller Wirkmacht nach außen dringen wollen.

C. G. Jung stieß in seiner lebenslangen Forschungstätigkeit darauf, dass die angeeigneten Schutz- und Abwehrmechanismen irgendwann nicht mehr zu tragen vermögen. Er entdeckte, dass viele Menschen, Frauen wie Männer, irgendwann, spätestens, wenn sich die zweite Lebenshälfte anzukündigen beginnt, in eine innere und äußere Bewegung kommen, die nach Erneuerung und Verwandlung drängt. Dann bricht in ihnen ein unerwartetes Sehnen auf, die ureigene Wahrheit suchen und finden zu wollen. Immer wieder berichten Menschen, die irgendwann in ihrem Leben von einer derartigen Suchbewegung erfasst wurden, dass sie plötzlich nicht mehr wussten, was mit ihnen los war, wo ihnen der Kopf stand, was sie wollten und was sie nicht mehr wollten, welchen Sinn ihr Sein und Handeln überhaupt noch verfolgte. Wenn eine solche Suchbewegung sich ankündigt, tut der jeweilige Mensch gut daran, sich so offen als möglich auf das einzulassen, was sich in ihm wandeln möchte und in die Veränderung drängt. Die Träumerin befindet sich schon auf dem Weg. Sie hat Teile ihrer Rüstung bereits abgelegt, zum Beispiel ihren Helm. Das schafft ihr Luft und Raum. So kann sie die Dinge des Lebens allgemein und im Speziellen neu denken und bewerten. Und sie kann beginnen, ihr Leben auf ureigenen, weniger übernommenen Wahrheiten und Überzeugungen aufzubauen. Darin liegt eine große Chance für sie. Gleichzeitig scheint auch hier wieder die patriarchale Kultur hindurch. Den Kopf zu benutzen, ist legitim und sogar erwünscht. Sehr viel schwieriger wird es, wenn es um Herz und Bauch, um die tief verborgenen Gefühle und Instinktkräfte geht.

In dem Moment, in dem der Träumerin all diese Dinge zu dämmern beginnen, bricht der Himmel auf. Er öffnet sich und schickt einen Lichtstrahl direkt auf die Lichtung, genau dahin, wo die Träumerin sich befindet. Jetzt steht sie ganz im Licht. Im uralten Menschheitswissen findet sich die Symbolik des Himmels in Verbindung mit dem Bewusstsein. Hierbei geht es um Aspekte, die der Mensch mit seiner Denkfähigkeit zu erfassen und gleichzeitig mit der Kraft seines Herzens zu fühlen vermag. Ein solcher Vorgang ereignet sich offenbar für die Träumerin in diesem Moment. Es geht ihr ein Licht auf. Dinge beginnen sich zu erhellen und zu klären, zum Beispiel, dass sie männliche und weibliche Eigenschaften in sich trägt, dass sie mitten im Wald auf einer Lichtung steht, dass sie eine Heldin ist, dass sie eine Rüstung trägt, von der sie bereits etwas ausgezogen hat, dass sie glaubt, besonders ihr Herz schützen zu müssen.

Das Traumbild mit dem aufbrechenden Himmel und der Lichterfahrung ist ein sehr mächtiges Traumbild. Es gehört nicht zu den Motiven der alltäglichen nächtlichen Träume. Psychologisch würde man vielleicht sagen, dass es sich hierbei um eine Erfahrung von eher außergewöhnlicher Natur handelt. Im religiösen Sinne könnte man das Traummotiv als mystische Erfahrung bezeichnen, als eine Form spiritueller Erleuchtung. Psycho-symbolisch ginge man vermutlich von einer existentiell archetypischen Dimension des Traumes aus. In jedem Fall weist das Traummotiv darauf hin, dass es sich um einen der seltenen großen Träume zu handeln scheint. Träume, die eine Lebenswende, einen Neuanfang, eine tiefgreifende Wandlung, eine Bewusstseinserweiterung im Menschen ankündigen. Vielleicht könnte man ihn sogar als einen der Träume bezeichnen, der eine tiefgreifende Bedeutung nicht nur für den träumenden Menschen, sondern ebenso für sein Umfeld transportiert.

Da werde ich von einer unsichtbaren Stimme angesprochen. Ich falle vor Schreck und Ehrfurcht auf die Knie.

Religiöse, vor allem die mystischen Traditionen, brächten die Stimme vielleicht mit dem göttlichen Mysterium in Zusammenhang. Die Analytische Psychologie würde sagen, die Träumerin wird von einer Stimme aus dem Selbst, aus ihrem inneren Zentrum, angesprochen. Signale aus dem Selbst sind recht typisch, wenn es zum Beispiel darum geht, eine Erfahrung im Außen zu kompensieren oder wenn sich große Veränderung ankündigt. Dann können derartige Anzeichen positive, unterstützende, wegweisende Funktion in sich tragen. Im Falle der Träumerin scheint es eher um letzteren Aspekt zu gehen, um eine wegweisende Funktion im Zusammenhang mit einer offenbar bevorstehenden Wandlung ihrer selbst. Dabei mag es vielleicht manchen Menschen erstaunen, dass ausgerechnet Hanna, eine normale junge Frau und Durchschnittsbürgerin, plötzlich und unverhofft von solch einem Traum heimgesucht wird. Auf diesem Hintergrund sind auch ihre Unsicherheit und ihre Ängste nur all zu verständlich.

> *Die Stimme schlägt mir vor, das Kettenhemd auszuziehen, das ich trage. Ich brauche es nicht mehr. Es behindere mich nur auf meinem weiteren Weg. Wütend erhebe ich mich von den Knien und teile der Stimme mit, dass sie eindeutig zu viel von mir verlange. Wenn ich das Hemd auszöge, könne ich mich nicht mehr schützen. In Anbetracht der vielen Facetten, die das Leben habe, sei mir das aber sehr wichtig. Die unsichtbare Stimme ermutigt mich daraufhin, meinen ureigenen Weg zu finden und zu gehen. Gleichzeitig gibt sie mir zu verstehen, dass sie mich nicht ablehnen wird, wenn ich mich anders entscheide.*

Die Aufforderung der Stimme könnte dem Aufruf gleichen: „Werde, die du bist! Ziehe dich aus! Werde wahrhaftig!" Das wäre eine Traumbotschaft religiösen, spirituellen Charakters. Auch das ehrfurchtsvolle Verhalten der Träumerin muss nicht, aber könnte verstärkt auf die spirituell-mystische Dimension des Traumes hinweisen. Dazu passt außerdem die liebevoll umfassende Geborgenheit, die die Stimme der Träumerin neben ihrer sehr direkt formulierten Aufforderung zu transportieren versucht. Egal, wie Hanna sich entscheiden und welchen Weg sie weiter gehen wird, die Stimme wird sie in jedem Fall nicht ablehnen. Der Psalm 139 aus dem Alten Testament der Bibel, dem Weisheitsbuch der jüdischen und der christlichen Religion, zeichnet eine vergleichbare Botschaft. Die Verse 1-7 beschreiben auf wunderbare Weise ein allumfassendes Geborgenfühlen in Gott: „Herr, du hast mich erforscht und du kennst mich. Ob ich sitze oder stehe, du weißt von mir. Von fern erkennst du meine Gedanken. Ob ich gehe oder ruhe, es ist dir bekannt; du bist vertraut mit all meinen Wegen. Noch liegt mir das Wort nicht auf der Zunge – du, Herr, kennst es bereits. Du umschließt mich von allen Seiten und legst deine Hand auf mich. Zu wunderbar ist für mich dieses Wissen, zu hoch, ich kann es nicht begreifen. Wohin könnte ich fliehen vor deinem Geist, wohin mich vor deinem Angesicht flüchten?“ Im Agieren der Träumerin steckt eine große Kraft, viel Mut und ein erstaunliches Selbstbewusstsein. Von Themen wie Minderwertigkeit,

Überforderung, Existenzangst, Opferempfinden ist hier nichts zu spüren. Es ist erstaunlich, wie Hanna es schafft, im Traum einer so mächtigen Stimme klar, sicher und konfrontativ entgegen zu treten.

> *Im Traum höre ich mich sagen, dass es genau das sei, was ich wolle, meinen ureigenen Weg finden und gehen. Dies mit ganzem Herzen zu tun, bedeute für mich allerdings eine sehr große Herausforderung.*

Durch das ruhige Aufnehmen und Spiegeln ermöglicht die Stimme der Träumerin, Aspekte von sich selbst zu erkennen. Hanna begreift mit einem Mal etwas von den Konsequenzen, die wirkliche Nacktheit mit sich bringen würde. Und sie versteht den Grund ihrer tiefen Angst. Nacktheit im Sinne der Authentizität, der Echtheit, Natürlichkeit und Ursprünglichkeit würde sie durch und durch verletzbar machen. Und sie würde sie ernsthaft dazu herausfordern, sich der dunklen Seite des Lebens zu stellen. Denn auch sie beinhaltet Aspekte puren Lebens. Noch scheint sie diese Schattenseite ihrer selbst vorwiegend nach außen zu projizieren. Doch etwas in ihr spürt ganz offensichtlich, dass sie sich mit ihrer körperlichen und psycho-symbolischen Nacktheit auseinandersetzen muss, will sie der unbekannten Stimme Vertrauen schenken und ihr weiter folgen. Eine solche Auseinandersetzung würde für sie vermutlich einen großen Schritt bedeuten. Diesen wirklich zu wagen, erforderte von ihr viel Mut, Entschlossenheit, Neugier, Abenteuerlust und einen Drang danach, neues, unbekanntes Terrain zu erforschen.

3. Nackt vor Dir –
Wirklichkeit und Symbolik
des weiblichen Körpers

Die Träumerin lässt sich trotz ihrer anfänglichen Bedenken auf die Herausforderung ein. Sie stellt sich ihrer eigenen Nacktheit.

Nachdem ich fertig gesprochen habe, ziehe ich das Kettenhemd aus und stehe nackt im Lichtstrahl.

Spirituell verstanden beginnt sie bewusst und wirklich nach sich selbst und nach dem Leben zu suchen. Dabei scheint sie von einer inneren Gewissheit getragen zu sein. Offenbar spürt sie, dass in ihrem Suchen nach nacktem, unverstelltem, echtem, purem Da-Sein Hoffnung auf eine friedvolle und glückliche Zukunft verborgen liegt.

Die intensive Schau des menschlichen, im vorliegenden Buch insbesondere des weiblichen Körpers, lässt neben einer physiologischen Faszination, einem sexuellen und sinnlichen Anreiz, einem künstlerisch-ästhetischen Staunen, einer kreativen Impulsgebung auch eine symbolisch spirituelle Dimension durchscheinen. Sie bringt den Menschen mit dem schöpferischen Mysterium, dem göttlichen Geheimnis, in Berührung, das im tiefsten Inneren des Menschen wohnt, sein ganzes Sein durchdringt und ihn in seiner gesamten Existenz umgibt. Es zeigt sich, wie bereits mehrfach beschrieben, vor allem in und durch seinen lebendigen Körper, darüber hinaus in seiner Liebesfähigkeit, seiner Tatkraft, seiner Denk- und Bewusstseinsfähigkeit, welche ihm ermöglicht, die Gesamtheit seiner Existenz als Wunder des Lebens erkennen zu können.

In den folgenden Kapiteln betrachte ich exemplarisch einzelne Aspekte des menschlichen, insbesondere des weiblichen, Körpers eingehender. Hierbei versuche ich, vor allem auch ihre spirituelle Symbolik mit in den Blick zu nehmen. Diesbezüglich birgt das uralte mythologische Wissen der Menschen viele kostbare Schätze in sich. Denn schon immer haben die Menschen die Fragen nach dem Woher, dem Wohin und dem Wozu intensiv beschäftigt. Mich selbst bewegen darüber hinaus ganz besonders die Aspekte der Lebens-Feier, der Dankbarkeit und der ureigenen Berufung, wenn ich Wirklichkeit und Symbolik des weiblichen Körpers auf mich wirken lasse.

Das Haar

Die Natur hat sich Frauen wie Männer mit Kopfhaar erdacht. Weibliches Haar begegnet dem Menschen alltäglich in mannigfaltiger Weise. Frauen tragen es lang, kurz, glatt, gelockt, offen und zusammengebunden. Die unterschiedlichen Arten, das Haar zu tragen, ermöglichen zugleich vielfältige Weisen der äußeren Erscheinung. Langes, offen getragenes Haar lässt ein Gesicht weicher erscheinen. Ist das Haar streng zusammengebunden, stärkt es eine selbstbewusste, bisweilen männliche, Ausstrahlung. Wenn Haar im Gesicht herumwirbelt, wirkt es wild, verworren, unklar und chaotisch. Durch die Frisur kann der Mensch unterschiedliche Seiten seiner Persönlichkeit hervorheben oder kaschieren, je nachdem, was für ein Anliegen er mit ihr verbindet. Kurze Haare sind praktisch und pflegeleicht. Häufig lassen sie den Menschen sportlicher, manchmal auch frecher erscheinen. Alle Haare haben von Natur aus bereits eine Farbe. Sie sind rot oder blond, braun, schwarz, grau, weiß oder ein Mischprodukt aus den einzelnen Farben. Es gibt Menschen, die haben einen Kopf voller Locken. Bei den anderen sind die Haare glatt. Wieder andere neigen zu Naturwellen. Die

Menschen tragen dichtes, schütteres, dünnes, trockenes und fettiges Haar.

Durch einen glücklichen Haarschnitt, durch Färben, Tönen, Glätten und Föhnen, Spangen, Gummis, Klammern, Spray, Gel, Shampoo und Spülung versucht der Mensch dem Haar und mit ihm auch seiner Gesamterscheinung besonderen Ausdruck zu verleihen. Da nicht alle Materialien, mit denen der Mensch das Haar zu verschönern sucht, für den menschlichen Organismus und die Umwelt gut verträglich sind, stellt sich hierbei auch die Frage nach der Gesundheit und der ökologischen Belastung. Darüber hinaus lässt sich überlegen, ob ein Mensch aus Freude und Sinn für das Schöne oder viel mehr aus Anpassungsdruck oder Minderwertigkeitsgefühlen heraus verstärkt zu derartigen Bearbeitungs-Bedürfnissen neigt. Manche Menschen müssen von ihrem Haar früh und ungewollt Abschied nehmen. Das kann beispielsweise im Rahmen einer Krebstherapie oder einer anderen Erkrankung der Fall sein. Den Verlust annehmen zu lernen, kann einen Menschen sehr auf die Probe stellen, noch mehr dann, wenn sein Selbstbewusstsein durch eine schwierige Krankheitsdiagnose bereits zutiefst erschüttert worden ist. Den eigenen kahlen Kopf im Spiegel anschauen zu müssen, befördert womöglich Todesängste. Eine Perücke vermag das echte, ursprüngliche, ureigene Haar nicht wirklich zu ersetzen.

Die Sprache des Menschen hat den Wert des Haares offensichtlich schon lange entdeckt. Viele Redewendungen bedienen sich des Begriffes. Allerdings wird er da in recht vielfältiger Weise und ambivalenter Hinsicht gebraucht: „Um ein Haar wäre etwas nicht gut ausgegangen." „Wir konnten um Haaresbreite entkommen." „Sie findet natürlich wieder ein Haar in der Suppe." „Beinahe hätten wir uns ziemlich in die Haare gekriegt." „Das ist eine ganz schön haarige Sache." „Da können einem die Haare zu Berge stehen." „Sie begibt sich mit Haut und Haar in etwas hinein." „Ich will mir deshalb keine grauen Haare wachsen lassen." „Das ist ganz schön an den Haaren herbeigezogen." „Wir sind haarscharf an ihm vorbeigekommen." „Die hat aber Haare auf den Zähnen."

In den alten Traditionen der Menschen wurde dem Haar ganz unterschiedliche Bedeutung beigemessen. Johannes der Täufer und die ägyptischen Wüstenväter ließen ihr Haar lang wachsen. Es kennzeichnete sie als Büßer und Propheten. Im Mittelalter galt langes Haar als verführerisch. Die Menschen brachten es in Verbindung mit der Wollust, der luxuria. Dabei dachten sie vor allem an das Männer verführende, mythologische Wasserwesen der Sirenen.

Bei den Germanen galt das Haar als Zeichen der Freigeborenen. Daher wurde es Sklaven und Verurteilten geschoren. Ebenso kann die Tonsur der Mönche als Zeichen des Verzichtes auf bürgerliche Freiheit damit in Verbindung gebracht werden. Auch Frauen, die ins Kloster eintraten, wurden die Haare abgeschnitten. Medusa und andere übernatürliche Wesen und Dämonen wurden mit Schlangenhaaren dargestellt. Die rote Haarfarbe gehörte dem Teufel.

In den 68-er Jahren trugen Frauen wie Männer verstärkt lange Haare, vermutlich als Ausdruck des Wunsches nach Unabhängigkeit, als Sehnsucht nach Befreiung von engen gesellschaftlichen Normen und Wertvorstellungen bei gleichzeitigem Protest gegen sie.

Das Haar erinnert auch an die evolutionäre Herkunft des Menschen. Die meisten Vierbeiner tragen heute noch sehr viel mehr Haar auf dem Körper als der Mensch. Trotzdem kann dieser kaum verleugnen, dass sein Körper ihn auf sein einstiges Fell hinweist. Dazu gehört eben auch das Kopfhaar. Durch den Menschen hindurch scheint ein Tier. Aus dieser Perspektive betrachtet kann das Kopfhaar des Menschen auch seine in ihm wohnenden Instinkt- und Triebkräfte symbolisieren.

Wenn der Mensch sein Haar im Einklang mit sich selbst trägt, unterstreicht es sein aktuelles Lebensgefühl. Das eigene Haar wie das Haar eines anderen Menschen streicheln zu dürfen, kann sinnliche Bedürfnisse im Menschen wecken. Darüber hinaus ruft das Anschauen, Fühlen, Riechen, Schmecken und Berühren von menschlichem Haar Sehnsucht nach dem Geheimnisvollen im Menschen wach. Das direkte Spüren stärkt zugleich die Gewissheit seines Da-Seins.

Die Augen

Die Natur hat den menschlichen Körper von Frau und Mann mit zwei Augen, dazugehörigen Augenlidern, Wimpern und Brauen in der linken und rechten Gesichtshälfte ausgestattet. Leider sind die Augen nicht bei allen Menschen im gleichen Maß funktionsfähig. Manche Menschen kommen blind zur Welt oder erblinden im Laufe ihres Lebens aufgrund eines Unfalls oder einer Erkrankung. Viele Menschen benötigen bereits in jungen Jahren eine Fern- oder ab einem gewissen Alter dann eine Lesebrille. Es gibt Menschen, die haben sehr zug- und lichtempfindliche Augen. Die Augen der Menschen kommen in vielfältigen Farbkombinationen und Schattierungen vor. Meist ist ein brauner, grüner, blauer oder grauer Grundton in ihnen sichtbar. Augen können grell oder blass, verschwommen, wässrig oder klar und leuchtend, bisweilen auch stechend, wirken. Manche Augen wechseln ihre Farbschattierungen je nach Lichteinfluss von außen und der Stimmung von innen.

Mit allerlei Schminkmöglichkeiten wie zum Beispiel dem Lidschatten, der Wimperntusche, dem Kajalstift, der Pinzette ist es dem Menschen möglich, Augenlider, Wimpern und Brauen zu verschönern. Er kann sie dadurch stärker hervorheben und ihnen einen eigenen Akzent verleihen. Zum Beispiel kann er die Augengrundfarbe besonders betonen. Oder er kann die Gestalt der Augen verändern durch Zupfen von Wimpern und Brauen. Zu viel Schminke lässt Augen bisweilen auch unattraktiv erscheinen. Das kann sogar soweit führen, dass sich ein Gegenüber von den Augen eines Menschen mehr abgestoßen als angezogen fühlt. Augen zu schminken ist eine Form künstlerischer Betätigung, ein kreatives Tun. Neben den unterschiedlichen Schmink-Möglichkeiten tragen auch Brillen zum Ausdruck der Augen bei. Die Vielfalt von Brillengestellen scheint mittlerweile beinahe unerschöpflich zu sein. Dabei wechselt auch immer wieder die Mode, welche Art Brillen von den Menschen innerhalb eines bestimmten Zeitraumes bevorzugt getragen werden. Es gibt große und kleine Brillen, schmale, dicke, geschwungene, gerade, einfache und komplexe in ihrer Form. Viele Menschen bevorzugen Kontaktlinsen. Sie ermöglichen ein freieres Gesicht und einen unverstellteren Blick auf die Augen. Beliebt ist auch das Tragen von Sonnenbrillen verschiedenster Art. Sie schützen die Augen hilfreich vor grellen Lichteinflüssen. Darüber hinaus gehören auch Sonnenbrillen zur Mode. Von vielen Menschen werden sie besonders gern zum Selbstausdruck eingesetzt. Die Wahl einer bestimmten Sonnenbrille kann dem Gesicht oder der Augenpartie einen ganz neuen Ausdruck verleihen. Es macht zum Beispiel einen großen Unterschied, ob sie dunkle Gläser hat oder helle. Eine Sonnenbrille mit Spiegelgläsern erzielt eine andere Wirkung als eine ohne. In die Augen eines Menschen zu schauen, der eine Sonnenbrille trägt, ist nahezu unmöglich. Er versteckt sein wahres Wesen, bleibt für sein Gegenüber unerkennbar. Im gleichen Zuge sehnt sich die ganze Existenz des Menschen danach, gefunden zu werden.

Die Sprache hat auch, was das Auge angeht, Redewendungen geschaffen. Im deutschen Sprachgebrauch finden sich folgende Beispiele: „Das hätte ins Auge gehen können." „Wir möchten auf etwas ein Auge haben." Bereits das Alte Testament der Bibel spricht von „Auge um Auge, Zahn um Zahn." Wir wissen um den „Augenblick" als einen bedeutsamen Moment im Hier und Jetzt. Was den Blick angeht, kennt der deutsche Sprachgebrauch weitere mehr oder weniger häufig gebrauchte Formulierungen. Wir haben Angst vor „Blicken, die töten können." „Sie hat etwas oder jemanden im Blick." „Er steht ihr im Blickfeld." „Etwas oder jemand verstellt uns den Blick." „Sie würdigt ihn keines Blickes." Beide nehmen zueinander „Blickkontakt" auf.

In den alten Kulturen der Völker galt das Auge als Symbol für das menschliche Bewusstsein. Was der Mensch wirklich sehen kann, vermag er auch zu begreifen. Es wird ihm bewusst. Dazu gehören dunkle wie lichte Erkenntnisse. Die Menschen haben seit je her nicht nur Angst davor, etwas außerhalb ihrer selbst wirklich zu sehen und zu erkennen, sondern ebenso davor, gesehen und erkannt zu werden. Die Möglichkeit des schrecklichen Anderen ängstigt sie ebenso wie die eigene Schrecklichkeit. Beispielsweise glaubten die Menschen in früherer Zeit, Dämonen und magische Wesen könnten sie mit ihrem Blick versteinern, in Bann ziehen und wehrlos machen. Noch heute spricht man vom „bösen Blick", den manche Menschen zeitweise im Gesicht tragen, wenn sie zornig und hasserfüllt sind.

Viel mehr noch als das Dunkle ist mythologisch die Seite tradiert worden, die das Auge mit Lichterfahrung in Verbindung bringt. Gott selbst wurde von den Menschen als Auge dargestellt. In der christlichen Religion gilt es inmitten von Sonnenstrahlen oder im Dreieck mit nach oben weisender Spitze als göttliches und dreifaltiges Symbol. Hildegard von Bingen, die in der christlichen Religion als Heilige verehrt wird, bringt das Auge in Verbindung mit dem Kosmos und seinen Elementen. Für sie spiegelt sich das Auge als Mikrokosmos im Makrokosmos des Universums. Noch heute spricht man davon, dass jemand ein drittes Auge besitzt, wenn sie oder er die besondere Fähigkeit hat, Dinge tiefer wahrzunehmen und zu erkennen.

Diese Vorstellung kommt aus der indischen und lamaistischen Tradition. Eindrücklich ist auch die Ausgestaltung der antiken Justitia. Sie wurde mit verbundenen Augen dargestellt, da Gerechtigkeit nur ausgeübt werden könne, ohne die Person dabei anzusehen.

Psychologisch betrachtet ist das Auge als eines der menschlichen Sinnesorgane von höchster Bedeutung. In der heutigen Säuglingsforschung wird davon ausgegangen, dass das frühe Gespiegeltwerden des Säuglings in den Augen der Mutter eine sehr entscheidende Erfahrung ist und das ganze weitere Leben prägt. Die Psychologie spricht vom Glanz im Auge der Mutter, den das Baby wahrnimmt. Je intensiver ein solcher Spiegelprozess glückt, desto vertrauensvoller und sicherer kann sich das Kind künftig dem Leben und der Welt zuwenden. Denn es weiß von Anfang an, wer es ist und dass es gut und richtig so ist. In den meisten Fällen scheint ein solches Spiegeln nur begrenzt möglich zu sein. Denn um Spiegel für einen anderen Menschen werden zu können, braucht der Mensch eine möglichst große Klarheit und Durchsichtigkeit seiner selbst. Dahin zu gelangen, ist für die meisten ein lebenslanger Weg.

Das Auge gehört, ähnlich wie die Vulva, zu den Körperorganen, die einem Tor gleichen, das den Menschen sowohl in seine innere, wie in die äußere Welt zu führen vermag. Wenn ein Mensch den Mut aufbringt, einem anderen Menschen wirklich in die Augen zu blicken, wird er bald spüren, welche Intensität von einem solchen Kontakt ausgeht. In den Augen eines Menschen spiegeln sich sein Wesen, seine Emotionen, seine Charakterzüge und Eigenschaften, seine Instinkt- und Triebnatur, seine Bedürfnisse und ungestillten Sehnsüchte. Und genau diese Dinge sind es, die erkannt werden wollen. An sich selbst kann der einzelne Mensch das bei weitem nicht so wahrnehmen, wie sein Gegenüber es vermag. Dieser Aspekt spielt auch eine große Rolle in sexuellen Liebesbeziehungen. Denn nirgendwo sonst kommen Menschen einander so nahe, können sie sich gegenseitig so direkt und tief in die Augen schauen.

Durch die Augen eines Menschen hindurch scheinen Liebe und Zugewandtheit, Willenskraft, Verwegenheit, Tatkraft, Entschiedenheit, Angst, Unsicherheit, Schmerz, Trauer, Klugheit, Weisheit und Geborgenheit. In den spirituellen Traditionen der Menschen findet sich die Vorstellung, dass die Augen wie Fenster sind, durch

die hindurch der einzelne Mensch und mit ihm
das göttliche Geheimnis sichtbar werden für die
Welt und die Welt gleichermaßen für ihn.

Der Mund

Der Mund gehört zu den Ausstattungen des
Körpers, in denen sich Frau und Mann von Natur aus ebenfalls recht ähnlich sind. Möglicherweise ist die Sensibilität in allen Dingen, die den
Mund angehen und die der Mensch mit dem
Mund zu tun vermag, bei Frauen noch ein Stück
feiner, empfindsamer und differenzierter ausgeprägt, was wiederum auch die Gefahr einer größeren Verletzbarkeit mit sich bringt.

Die äußerlich sichtbaren Lippen bilden
das Eingangstor zum Mund. Meist sind sie rot
durchblutet. Bei Kälte können sie vorübergehend auch blau werden. Das Öffnen des Mundes lässt einen dunklen Hohlraum zutage treten,
der Zähne unterschiedlicher Form und Größe
in sich birgt. Viele Menschen tragen plombierte
Zähne, Brücken und Implantate in ihrem Mund.
Außer den Zähnen befindet sich im Mund die
Zunge, die im allgemeinen einrollbar und in alle
Richtungen bewegbar ist. Damit der Mundraum
geschmeidig bleibt und nicht austrocknet, wird

er befeuchtet durch die Flüssigkeit des Speichels. Im Falle mancher Erkrankung, aber auch bei Aufregung, kann die Speichelproduktion plötzlich aussetzen, was einen trockenen Mund erzeugt und die Zunge am Gaumen festkleben lässt.

Münder und Lippen der Menschen unterscheiden sich in ihrer Größe und Gestalt. Manche Menschen können ihren Mund deutlich weiter aufmachen und ihren Mundraum zutage treten lassen, als andere es vermögen. Es gibt Menschen, die fletschen ihre Zähne oder knirschen laut mit ihnen, wenn sie nervös und wütend sind. Andere beißen ihre Zähne zusammen, sobald ihnen etwas Unangenehmes bevorsteht. Bei wieder anderen bilden sich während des Lachens rechts und links der Lippen sogenannte Grübchen.

Es ist erstaunlich, wie viele verschiedene Grimassen der Mensch mit seinem Mund schneiden kann. Manchmal hat er ganz zusammen gekniffene, gequälte Lippen. Ein anderes Mal zeigt er ein verbissenes Lächeln. Die bewusste und unbewusste Mimik des Mundes sagt überraschend viel über einen Menschen und sein augenblickliches Befinden aus.

Der Mund des Menschen bedarf der regelmäßigen Zahnpflege. Zahlreiche Menschen benutzen Mundwasser, um nicht den Eindruck zu erwecken, unangenehm aus dem Mund zu riechen. Viele Frauen mögen es, Lippenstift in den verschiedensten Farben aufzutragen von fein, dezent, kaum sichtbar bis dick und knallig, vor Fett glänzend, leuchtende Abdrücke an Gläsern oder Tassenrändern hinterlassend. Andere bevorzugen, wenn die Lippen sich natürlich und unbedeckt anfühlen. Werden Lippen im Winter spröde und rissig, bestreichen viele Menschen sie mit einem Fettstift.

Im Allgemeinen gebraucht der Mensch seinen Mund zum Essen und Trinken, wobei die Zähne bei der Nahrungsaufnahme eine große Hilfe sind. Mit ihnen kann der Mensch die Nahrung beißen und kauen, bevor er sie hinunterschluckt. Das Baby, dem die Zähne erst zu wachsen beginnen, saugt mit Hilfe seines Mundes an der Brust der Mutter oder an der Flasche. Auch die meisten Tiere haben eine Art Mund. Er wird häufig nur anders bezeichnet, zum Beispiel als Schnabel oder Maul. Der Mensch atmet auch durch den Mund. Bei sportlicher Betätigung oder sonstiger Form von Anstrengung wird die tiefe Atmung durch den Mund bevorzugt. Leider nehmen Tiere und Menschen über die Luft und die Nahrung zunehmend ungesunde Dinge in sich auf, viele Gift- und Schadstoffe, die sie selbst produzieren.

Neben der Nahrungsaufnahme und dem Atmen gebraucht der Mensch den Mund zum Sprechen und Singen. Dann formt er in dem dunklen Hohlraum bunte Wörter und Töne, die anschließend durch die Lippen hindurch den Weg nach draußen suchen. Dies kann nur gelingen, wenn der Mensch bereit ist, seine Lippen zu öffnen. Behält er seine Lippen geschlossen, bleiben ihm die schöpferischen Produktionen in Mund und Hals stecken. Schluckt er zu vieles hinunter, bleibt ihm dies im Magen liegen. Der Magen wiederum lagert es in andere Organe ab oder transportiert alles weiter in den Darm, der die Dinge wieder ausscheidet. Das kann in Form von Durchfällen verbunden mit Bauchschmerzen geschehen. Wenn einen Menschen zu vieles „ankotzt" und er es nicht zum Ausdruck bringen kann, erzwingt sein Inneres manchmal das Nachaußentragen der eigenen Töne und Worte durch die Lippen hindurch, indem der Mensch sich übergeben muss.

Die ureigenen Laut- und Klangproduktionen nach außen zu tragen, kann sehr befreiend sein. Sie sind nichts anderes als tief im Inneren wohnende Sehnsüchte, Wünsche und sonstige Impulse. Es tut gut und trägt zum körperlichen und seelischen Wohlbefinden bei, ihnen Ausdruck zu verleihen. Allerdings trauen die Menschen sich oft nicht, das zu tun, weil sie viele Dinge, die sich in ihrem Inneren melden, für falsch, wertlos und böse halten.

Auch für den Mund mitsamt den Lippen und Zähnen kennt die deutsche Sprache vielfältige Redewendungen: Wir bereiten etwas „mundgerecht" zu. Wenn es uns schmeckt, „mundet es uns". Manch eine „nimmt den Mund zu voll". „Wir haben einander zum Fressen gern." „Sie hat ganz schön Haare auf den Zähnen." Wenn wir von Dialekt sprechen, sprechen wir von „Mundart". „Sie scheint nicht auf den Mund gefallen zu sein." „Wir sparen uns etwas vom Mund ab." „Er redet ihr nach dem Mund." Wer lügt, spricht mit „gespaltener Zunge" oder „doppelzüngig". Insgesamt klingt in diesen sprachlichen Bildern etwas durch, das uns viele unterschiedliche Facetten des Lebens und unserer Umgebung verdaulich zu machen scheint.

Werfen wir einen Blick in die tradierte Symbolik des Mundes, der Zähne, Zunge, Sprache und des Speichels. Künstlerische Darstellungen des biblischen Endgerichtes lassen aus dem Mund des Weltenrichters ein Schwert hervorgehen. Auf mittelalterlichen Bildern, die den Exorzismus, die Teufelsaustreibung, zum Thema haben, kommen schwarze Teufelsgestalten aus dem Mund der Geheilten. Aus dem Mund der Betenden hingegen wachsen goldene Fäden, die diese mit dem Himmel verbinden.

Für die Heilige Hildegard von Bingen (1098-1179) unterlag der Mund angeblich der höchsten sittlichen Verbindlichkeit, da durch ihn der ganze Mensch erhalten werde. Zähne wurden in den menschlichen Überlieferungen häufig gleichgesetzt mit Vitalität, Zeugung, Potenz und Sperma. In den 60er Jahren bezeichnete der junge Mann sein Mädchen als „Zahn". Zunge und Sprache werden bis in das heutige Sprachverständnis hinein vielfach gleichgesetzt. Die alten Weisheitssprüche warnen davor, sich nicht allein von der Zunge leiten zu lassen. Am biblischen Pfingstfest zeigt sich der Heilige Geist in der Gestalt von Feuerzungen. Bis heute gibt es Traditionen, die das Zungenreden in Form eines ekstatischen Stammelns als Manifestationen der inspiratorischen Ergriffenheit verstehen. Der neutestamentliche Jesus hat unter anderem mit dem Wundermittel des Speichels geheilt.

Zu den schönsten Gaben, die dem Menschen in Bezug auf seinen Mund geschenkt worden sind, gehört das Küssen. Mit dem Mund vermag der Mensch die verschiedensten Kuss-Varianten zu gestalten. Wirklich schöpferisches Küssen braucht allerdings ein zugewandtes Gegenüber, das bereit dafür ist, gemeinsam ein Kunstwerk der Liebe zu schaffen. Ein Gegenüber, das sich offen zeigt, mit dem betreffenden Menschen zusammen für einen wunderbaren Augenblick pures Leben zu gestalten. Ein Kuss in bezogener Intimität kann zum Geschenk werden für jeden Menschen, sein Gegenüber und die Schönheit des Lebens.

Nicht weniger kostbar dürfte für den Menschen seine Fähigkeit zum Lachen sein. Mit dem Mund ist es ihm möglich, einem Lachen, das tief aus seinem Inneren herauskommen möchte, Ausdruck zu verleihen. Auch das Lachen kennt eine bunte Vielfalt an Formen, Abstufungen und Nuancen, vom sanften Lächeln über lautes Glucksen tief aus dem Bauchraum bis hin zum durchschüttelnden Lachen mit weit geöffnetem Mund. Dazu gesellt sich im allgemeinen eine herzhafte Laut- und Klangproduktion. Wenn Menschen einander mit einem solchen tief aus ihrer Seele aufsteigenden Lachen begegnen, erscheint ihnen das Leben und mit ihm das eigene Sein für den Moment bedingungslos lebens- und liebenswert. Möglicherweise könnte es den Menschen guttun, sie würden viel öfter mit ganzem Herzen und aus voller Kehle lachen über ihr eigenartiges Wesen und die Merkwürdigkeit ihrer Existenz auf dieser Erde.

Die Haut

Die gesamte Oberfläche des menschlichen, weiblichen wie männlichen, Körpers besteht naturgegeben aus Haut. Ihr Grundton ist von Mensch zu Mensch verschieden. Manche Menschen haben eine sehr helle Haut, andere eine dunklere. Die Haut ist häufig mit Leberflecken und Sommersprossen übersät. Ihre Beschaffenheit kann trocken, feucht und fettig sein. Auf mancher Haut bildet sich schnell und viel Schweiß.

Es gibt Menschen, die haben eine juckende Haut, die sie zu ständigem Kratzen und Reiben drängt. Aufgrund ihrer hohen Sensibilität neigt die Haut zu den unterschiedlichsten allergischen und psychischen Reaktionen. Bisweilen bilden sich auf der Haut Ausschläge und Ekzeme. Wenn Menschen älter werden, beginnt die Haut Falten zu bilden. Auch ist sie dann nicht mehr so straff wie in jungen Jahren. Nebenwirkungen durch Medikamente schlagen sich häufig auf der Haut nieder. Sie können Pickel, Blasen, Ausschläge und sonstige Veränderungen hervorrufen. Eine Strahlentherapie, wie sie im Rahmen von Krebserkrankungen durchgeführt wird, zieht die Haut durch starke Verbrennungen in Mitleidenschaft. Auch zu intensive Sonneneinstrahlung kann Haut sehr strapazieren.

Weltweit spiegelt die Vielfalt der Hautfarben die Buntheit der Nationen wider, die die Erde bevölkern. In den Urkulturen wurde die Haut gerne bemalt mit eindrücklichen Mustern und Ornamenten zum Schmuck oder zur Kriegsbekleidung. Dazu gehörte auch das Bemalen des Gesichts. Der moderne Mensch bemalt sein Gesicht mit Make-up und tätowiert seinen Körper mit bunten Motiven. Das Piercen und Stechen von Ringen im Ohr oder an den verschiedensten sonstigen Körperstellen ist uralt.

Die Haut zu schmücken und ihren besonderen Wert dadurch zu betonen, hat den Menschen offensichtlich schon immer gefallen. Zur Pflege und zum Schutz der Haut benutzt der Mensch Lotionen, Cremes, Öle, Sonnenmilch. Viele mögen es, wenn den verschiedenen Mitteln ein köstlicher Duft beigemengt ist. Es bereitet Freude, von ihm betört zu werden. Ein köstlicher Duft benebelt, blockiert die vielen, teilweise unnötigen, Gedanken und lässt den Gefühlen und instinkthaften Impulsen freieren Lauf. Schon immer haben die Menschen um die starken Wirkmöglichkeiten der Düfte gewusst. Auch für Heilungsprozesse des Organismus wurden sie seit je her verwendet. Intensive Düfte können erweiterte Bewusstseinszustände befördern. Sie geleiten einen Menschen aber auch auf den Boden der äußeren Realität zurück, wenn ihm dieser vorübergehend weggerutscht ist.

Nicht alle Düfte sind gesund. Viele enthalten Spuren von Giftstoffen, die der Körper aufnimmt und in sich ablagert. Sie können neben zahlreichen anderen Aspekten wie beispielsweise dem exzessiven Sonnenbaden zu einer irgendwann plötzlich ausbrechenden Erkrankung beitragen. Auch ein übertriebener Besuch im Solarium, nicht der genussvolle Besuch in Maßen, kann eine Hautkrebserkrankung fördern. Die Krebsforschung befasst sich zunehmend mit derartigen Zusammenhängen. Beim bewussten Auswählen eines Produkts kann es für den Menschen daher sinnvoll sein, sich nicht ausschließlich vom Preisknüller und der Intensität eines Duftes leiten zu lassen.

Neben den künstlichen können die ganz natürlichen Düfte und Ausdünstungen des menschlichen Körpers intensive Wirkmacht entfalten. Sie ziehen vor allem die animalische Natur im Menschen an. Schweißgeruch beim Sex vermengt mit dem Geruch von Atem und dem Geruch der ausströmenden Flüssigkeiten bei Frau und Mann sind für manche Menschen vorübergehend wie der Himmel auf Erden. In solchen Momenten erinnert sich die primitive Menschen-Natur an ihre archaische Herkunft. Sie genießt die Anbindung an ihre ursprüngliche erdverbundene Existenz. Ähnlich kann die Körperbehaarung auf die Herkunft des Menschen verweisen. Wie auch das Kopfhaar erinnert sie an das Fell, das er einst getragen hat. Beim Mann ist das im allgemeinen noch ausgeprägter zu beobachten. Zugleich ist die Behaarung auch ein Schutz für den Menschen vor den rauen Einflüssen der Natur. Das Rasieren der Behaarung kann für manche Menschen die Wunschvorstellung symbolisieren, sich über ihre animalische Natur zu erheben. Und doch können sie ihre Herkunft nicht ungeschehen machen.

Der Schutz, den Haut und Behaarung für den Menschen bilden, wird verstärkt durch einen Film, der die gesamte Haut überzieht. Er soll vor natürlichen und vor Umwelteinflüssen, die der Gesundheit weniger zuträglich sind, bewahren. Daneben filtert und stößt er auch ungesunde oder überfordernde seelische Einflüsse von sich ab, die von außen an den Menschen herangetragen werden. Das können Gemeinheiten sein, die ihm widerfahren, erniedrigende Erlebnisse, schmerzvolle Schicksalsschläge, leidvolle Erfahrungen. Im deutschen Sprachgebrauch findet sich dafür die Formulierung: „etwas geht unter die Haut". Da die weibliche Haut von Natur aus besonders sensible Nerven- und Sinnesbahnen in sich trägt und ihr Schutzfilm dünner und durchlässiger zu sein scheint, als es beim Mann und auch beim Tier der Fall ist, dringt in das weibliche Körperinnere und die weibliche Seelenlandschaft auch mehr ein. Das macht manche Frauen anfälliger für Krankheiten körperlicher wie seelischer Art. Zugleich birgt ein solches Durchlässigsein die große Chance in sich, das Leben ausgesprochen nuanciert wahrnehmen zu können.

Alle Poren der menschlichen Haut sehnen sich nach Zärtlichkeit und Wärme. Körperliche Berührung, soweit der Mensch offen für sie ist, erfüllt, erfrischt, nährt, beglückt und verlebendigt. Viele Menschen sehnen sich nach ihr. Andere suchen eher nach körperlicher und emotionaler Distanz. Manche wünschen sich beides zugleich. Es gibt unzählige Möglichkeiten der Berührung. Besonders sensibel sind die erogenen Zonen. Bei vielen Menschen sind das vor allem der Nacken, die Ohren, der Mund, die Achselhöhlen, die Handinnenflächen, die Schultern, die Brust und die Brustwarzen, der Po und die Geschlechtsorgane. Ein Mensch, der einen anderen Menschen streichelt, leckt, massiert, sanft beißt und liebkost, kann im glücklichen Fall wie ein Bote des Himmels sein, dessen Hände sanft und liebevoll zu seinem Gegenüber sprechen: „Wie wunderbar, dass es Dich gibt. Ich liebe Dich." Dort, wo körperliche und seelische Berührung eins werden, erleben Menschen Heimat. Und sie werden für einen Augenblick spüren „Ich bin da", gleichsam gefasst in dem alttestamentlichen Gotteswort Jahwe. Jahwe können Menschen auch spüren, wenn sie die Scham ein Stück weit zu verlieren beginnen und mutiger darin werden, sich lust- und genussvoll selbst zu berühren, sanft zu streicheln, zu massieren, zärtlich zu sich zu sein. Die dabei auftretenden Glücksgefühle sind ein Geschenk des Lebens an den Menschen.

Die Hände

Auch die Hände gehören zu den Körperteilen, die Frau und Mann von Natur aus gleichermaßen geschenkt worden sind. Hände, Finger und Fingernägel eines Menschen können groß und lang sein oder klein und kurz. Bei manchen sind sie weich und geschmeidig, bei anderen rau und faltig. Handleserinnen konzentrieren sich in ihrer Kunst häufig auf die vielen kreuz und quer verlaufenden Bahnen und Falten, die die Handinnenflächen bieten. Die Natur hat den Menschen mit zehn Fingern ausgestattet, fünf an jeder Hand. Leider haben manche einen oder gar mehrere Finger durch einen Unfall verloren. Anderen fehlen einzelne Finger von Geburt an. Oftmals sind Finger auch steif und unbeweglich. Das kann die Folge verschiedener Erkrankungen sein. Kalte oder schlecht durchblutete Hände sind häufig rot und blau. Rot können Hände auch werden, wenn sie besonders gut durchblutet sind.

Gemüse zu schneiden, cremige und weiche Schlagsahne von den Fingern zu schlecken, die Hände in blubberndem Schaumbad unterzutauchen, sie in den Jackentaschen tief zu vergraben oder helle und dunkle Schokolade auf ihnen schmelzen zu lassen, fühlt sich ganz unterschiedlich für die Hände an. Manche Menschen tragen zu einzelnen Tätigkeiten, die sie mit ihren Händen verrichten, Handschuhe, beispielsweise zum Geschirr spülen. Sie möchten ihre Hände schützen, damit sie möglichst zart, weich und geschmeidig bleiben. Auch ein regelmäßiges Eincremen schützt und pflegt die Hände. Im Winter brauchen Hände verstärkte Pflege. Die raue und kalte Witterung strapaziert sie leicht. Insbesondere Frauen verschönern ihre Fingernägel gerne mit Nagellack.

Mit seinen Händen kann der Mensch schützen und wegstoßen, kräftig zupacken und sanft liebkosen. Seine Finger kann er auf dem Tisch tanzen lassen oder rhythmische Klänge mit ihnen klopfen. Mit erhobenem Finger kann er auch ermahnen oder schimpfen. Die Hände eines Menschen können schlagen, streicheln, tragen und winken. Der Mensch kann mit ihnen schreiben, am Computer arbeiten, sein Smartphone betätigen, Äpfel und Birnen von den Bäumen holen, den Garten umgraben, Kuchen backen, Einkaufsware in den Wagen legen, ein Fahrrad reparieren, die Wohnung streichen, vor Vergnügen oder zur Anerkennung klatschen, beten und danken. Er kann einem anderen Menschen die Hand drücken, um ihn zu begrüßen oder um ihn zu verabschieden. Am Händedruck seines Gegenübers kann er spüren, ob dieses ihm ängstlich, schüchtern, zurückhaltend oder viel mehr freudig, direkt und entschieden zugewandt ist.

Auch in Bezug auf die Hände kennt der Sprachgebrauch verschiedene Redewendungen. „Eine Hand wäscht die andere." „Wir waschen unsere Hände in Unschuld." „Für ihn lege ich meine Hand ins Feuer." „Hand auf's Herz." „Sie will sich nicht die Hände verbrennen." „Er hält um die Hand der Tochter an." „Sie hält schützend ihre Hand über ihn."

Schon in altsteinzeitlichen Höhlenbildern tauchen Abbildungen von Händen auf, ebenso in der australischen und südamerikanischen Höhlen- und Felsbildkunst. Die indischen Mudras mit ihren vielfältigen Bedeutungen sind berühmt. Die christliche Religion kennt die Handauflegung bei der Weihe zur Übertragung der eigenen Kraft, stellvertretend für die göttliche Kraft, auf den Geweihten. In der christlichen Ikonographie begegnet uns Christus als rechte Hand Gottes. Die sogenannte Orante-Haltung der Hände, eine sehr alte Gebetshaltung, drückt die offene Bereitschaft aus. Zur gegenseitigen Verständigung benutzen Taubstumme die Fingersprache. Sie kommunizieren mittels Gestik.

Die Bedeutsamkeit der Hände ist den Menschen seit je her vertraut. Das Tasten und Greifen des Säuglings gehört zu seinen allerersten Fähigkeiten, die Welt zu erkunden. Das Erforschen der Umgebung mit Hilfe der kleinen Händchen und Fingerchen bildet die Grundlage für sein späteres kognitiv-intellektuelles Begreifen.

Psycho-symbolisch wird mit den Händen Tatkraft, Handlungs- und Gestaltungs-Fähigkeit verbunden. Sie bringen den Menschen in Kontakt mit seiner Zielstrebigkeit, seiner Unterscheidungs- und Entscheidungs-Fähigkeit, seinem Durchsetzungsvermögen, seiner Fähigkeit zur Macht, seiner Begabung zur Ausdauer, seinem Durchhaltevermögen. Ebenso birgt die Symbolik der Hände den Aspekt der Freundlichkeit, des Gewährens und der Verbundenheit. Wie bereits im Kontext der Haut beschrieben, gehört zu den schönsten Dingen, die Menschen mit ihren Händen tun können, für viele das mal zartere und vorsichtigere, mal festere und grobere Halten, Umarmen, Massieren, Reiben, Streichen und Streicheln eines anderen oder ihrer selbst. Wenn Menschen Zugang dazu finden, lässt es sie die sanft-raue göttliche Kraft in und hinter allem Sein erahnen.

Die beiden folgenden Kapitel nehmen jene Körperteile der Frau besonders in den Blick, die sie in ihrer Weiblichkeit vor allem und ganz eigen kennzeichnen: ihre Brüste und die Vulva.

4. Weibliche Brust –
Schönheit und Bedrohtheit

Die weiblichen Brüste rufen deutlich schneller triebhafte Impulse im Menschen wach als die meisten anderen Körperteile. Ebenso wecken sie Scham und Angst im Menschen. Das Entblößen der Brust kann der basalen Notwendigkeit dienen, ein junges Menschenkind mit Nahrung zu versorgen. Es wird bewusst eingesetzt, um einen anderen Menschen zu verführen.

Im Entblößen der Brust drückt sich immer wieder auch das tiefe Bedürfnis eines Menschen aus, einem anderen Menschen offen und wahrhaftig gegenüber treten zu wollen, ohne Täuschung und Verstellung. Dahinter verbirgt sich die Sehnsucht des Menschen, vom anderen so angenommen zu werden, wie man wirklich und einfach ist. Für den Menschen, der die entblößte Brust betrachtet, können in der Tiefe seiner Seele vergleichbare Aspekte wachgerufen werden. Den Schritt des gegenseitigen Schauens und Entblößens miteinander zu wagen, setzt ein hohes Maß an gegenseitigem Vertrauen voraus. Denn es macht den einzelnen Menschen angreifbar und verletzlich.

Assoziationen rund um die weibliche Brust

Die Brüste als zwei durch ein Tal getrennte Hügel oder Berge zu assoziieren, liegt nahe. Berge weisen auf eine geistige Komponente hin. Sie haben etwas mit dem Denk- und Reflexionsvermögen, der Bewusstseinsfähigkeit, den Begabungen des Kopfes zu tun. Und sie wecken religiöse Ahnungen. Berge können dem Menschen vorkommen wie die Verbindung von Himmel und Erde, von oben und unten, von Ewigkeit und Vergänglichkeit.

Schon für die Menschen der Urkulturen galt der Berg als heilig. Von ihm kam göttliche Kraft. Die Menschen hatten große Ehrfurcht vor seiner Macht. Der alttestamentliche Mose erhielt auf dem Berg Horeb die zehn Gebotstafeln von Gott. Jesus verkündete auf einem Berg seine Seligpreisungen, die als Bergpredigt bekannt geworden sind. Die griechischen Götter wohnten auf dem Olymp.

Die Alchemisten des Mittelalters fanden im Berginneren den „Stein der Weisen“. Christliche Kirchen und Kathedralen, buddhistische Stupas, ägyptische oder altamerikanische Pyramiden wurden von den Menschen nach dem Vorbild der Berge erbaut. Durch den Schatten der Berge sind Täler von Dunkel umgeben. Im Gegensatz zum in die Höhe strebenden Berg sind sie Symbol für den Abstieg nach unten. Ihre tiefe Lage lässt die weiten Dimensionen des Unbewussten erahnen. Aus dem dunklen Urgrund des Tales wächst frisches Grün. Neues Leben bricht sich Bahn. Im Schutz der Berge kann es sich in seiner ganzen Fülle entfalten und gedeihen zum Wohlergehen der Menschen. Mythologische Vorstellungen verbinden mit dem Tal den weiblichen Schoß. Seine Weite versinnbildlichte die Offenheit gegenüber den himmlischen Einflüssen.

Im Schutz der Brüste klopft das Herz der Frau. Es schenkt ihr tagaus tagein Lebendigkeit und lässt sie das Leben durch alle Poren ihres Seins hindurch fühlen. Aus ihm wächst ihr die Möglichkeit der Liebe zu. Es schenkt ihr die Fähigkeit, ihren Lebens-Sinn wirklich zu entdecken. Dazu braucht es einzig ihre Offenheit, seine vielfältigen Klänge auch hören zu wollen.

Das weibliche Herz lässt die Frau ihre Verbundenheit mit den ewigen Rhythmen der Erde erahnen. Im Wechsel der Jahreszeiten begegnet dem Menschen der Rhythmus des Lebens. Der Frühling geht in den Sommer über. Der Sommer wird vom Herbst abgelöst. Der Herbst macht dem Winter Platz. Und der Winter bringt erneut den Frühling hervor. Ein ähnlicher Wechsel begegnet dem Menschen auch in Sonne und Mond. Am Morgen geht die Sonne auf, um am Abend nach einem vollen Tag wieder in der Tiefe unterzugehen. Stattdessen beginnen nun der Mond und die Sterne zu leuchten.

Auch die Natur zeichnet diesen Rhythmus. Eine Blume gräbt sich aus der Tiefe der Erde hinauf ans Tageslicht und entfaltet nach und nach ihre Schönheit. Hat sie ihren Höhepunkt erreicht, beginnt sie ihre Blätter wieder einzurollen. Anschließend lässt sie sie abfallen und verwelkt soweit, bis sie wieder der Erde gleich ist. Und nicht viel anders verhält es sich mit den Menschen. Eingebunden in den ewigen Rhythmus von Sterben und Werden wachsen sie, um anschließend wieder zu welken. Niemand kann sich dieser natürlichen Gesetzmäßigkeit entziehen. Alle Menschen sind vergänglich. So nimmt mit dem Älterwerden auch die Kraft des Herzschlags ab, bis irgendwann eines Tages jedes Menschenherz seinen letzten Ton anschlägt.

Die mandalaische Form der Brust greift die Ganzheits- und Einheits-Symbolik auf und weckt die Assoziation zum Sinn-Bild der Erde. In ihrer ewig runden, sich stets fortentwickelnden Beständigkeit und Fülle ist sie wie ein Spiegel für den Menschen. Er ist der Mikrokosmos. Sie ist der Makrokosmos. Die Fähigkeit zur Intuition lässt den Menschen das Wunder des Lebens in seiner umfassenden Komplexität erahnen. Nichts und niemand existiert umsonst auf dieser Erde. Die mandalaische Form der Brustwarzen ist wie ein Prägemal der Natur, sogar in doppelter Gestalt, das an die Einmaligkeit der menschlichen Existenz erinnert. Wenn der Mensch aufgeschlossen dafür ist, lässt sie ihn staunen über die Ganzheit und Fülle allen Seins.

Aufgestellte Brustwarzen rufen die Assoziation zum uralten Sinn-Bild des Phallus wach. Es gibt Darstellungen aus Stein gefertigter Phalli, die bis zu 28 000 Jahre zurück reichen. Staut sich bei erotischer Erregung im männlichen Penis Blut und füllt den corpus cavernosa, das erektile Gewebe entlang der Unterseite des Glieds, und den corpus spongiosum, das einen bauchseitigen Schaft und den Durchgang der Harnröhre formt, wird seine Form ithyphallisch. In den frühen Kulturen wurde der Penis in dieser Gestalt als göttliches Geheimnis verehrt und mit zwei heiligen Flüssigkeiten in Verbindung gebracht, dem goldenen Urin und dem Samen des Lebens.

In den religiösen Riten, die im Zusammenhang mit dem Gott Dionysos standen, löste der Anblick des erigierten Phallus im Menschen ekstatische Zustände aus, die häufig durch Trommeln, Tanz und Drogen verstärkt wurden. Mit der Gestalt des Phallus verbanden die Menschen sowohl schöpferische, als auch geistige Aspekte. Er galt als Träger der Lebenskraft, die in die Zukunft gerichtet ist und nach vorne führt, als zielgerichtete Kraft voller Tatendrang, Mut und eigenem Willen. Zu ihm gehören Aspekte wie Zielstrebigkeit, Entschiedenheit und Treffsicherheit, Kampfesmut, Machtstreben, Darstellungsvermögen und Vieles mehr.

Neben seinen lustbetonten und seinen befruchtenden Fähigkeiten, über die er verfügte, war er außerdem Träger gestalterischer und kreativer Impulse. Die Menschen schrieben ihm intuitive und nach Weisheit suchende Strebungen zu, die in Freiheit und Erleuchtung zu führen vermochten. In Indien wird der Phallus als Lingam verehrt, was so viel bedeutet wie die Existenz eines Dinges mitsamt seiner inneren Essenz. Er gilt dort als Inbegriff des schöpferischen Urprinzips, das sich im Gott Shiva, dem Herrn alles Lebendigen, verkörpert. So ist er im innersten Heiligtum jedes Shiva-Tempels zu finden. Die

Symbolik des Phallus wurde von den Menschen unter anderem in Verbindung gebracht mit den weitreichenden Strahlen der Sonne, der sich aufrichtenden Schlange, dem aufsteigenden Vogel, dem energischen Stier, dem Pflug der befruchtend in die Erde eindringt, mit Hitze, Blitz und Feuer.

Brüste lassen auch die Assoziation zum Gefäß entstehen, zum *vas hermeticum* der alchemistischen Tradition. Sie sind gleichsam ein Nahrung und Leben spendender Kochtopf. Sie erfüllen die Funktion eines Abfalleimers für alles Ungewollte und Ungeliebte oder gleichen einer Truhe, in die die Frau unannehmliche und unversöhnliche Dinge ein- und wegschließen kann. Sie sind wie zwei Hexenkessel für die triebhaften Regungen und natürlichen Impulse der Frau. Und sie wecken die Assoziation eines geheimnisvollen Raumes, in dem sich die kostbaren Schätze des Lebens und mit ihnen das Mysterium selbst verbergen.

In den Armen der Mutter:
Die wärmend-nährende Brust

Die mütterliche Brust gibt dem Kind körperliche und seelische Nahrung. Im glücklichen Fall erlebt das Kind die Quelle als unerschöpflich und jeder Zeit verfügbar. Die Brust der Mutter übt ähnlich dem magischen Gefäß eine Art Zauber auf das Kind aus. Es erlebt sich vielleicht unbewusst als ein Kind von Zaubereltern und ist davon überzeugt, eine eigene Zaubernatur in sich zu tragen. In der Mythologie der indischen kosmogenen Vorstellungen ist die Welt aus einem Milchmeer entstanden, das zu Butter geschlagen wurde. Sie galt als die erste halbwegs feste Nahrung für die Lebewesen der Erde. Das Alte Testament der Bibel beschreibt das verheißene Land als Land, in dem Milch und Honig fließen. Auch in den antiken Mysterien spielen Milch und Honig eine wichtige Rolle. Die christliche Kunst unterscheidet zwischen der guten und der bösen Mutter, worin die dualistische Spaltung der Religion eindrücklich sichtbar wird. Die gute Mutter ist die Gottesmutter Maria, die das Jesuskind an ihrem Busen nährt. Die böse Mutter ist die Mutter, die die Schlangen an ihrem Busen säugt.

Die Psychoanalytikerin Melanie Klein spricht von der guten und der bösen Brust. Mit der guten Brust schenkt die Mutter ihrem Kind physische und psychische Nahrung. Mit der bösen Brust saugt sie ihr Kind aus, benutzt es für ihre unbewussten Sehnsüchte, Nöte und Bedürfnisse. Das kann soweit reichen, dass sie es irgendwann, bildlich gesprochen, ganz zu verschlingen beginnt. Als aus sich selbst Nahrung hervorbringendes und Nahrung spendendes Wesen steht der Mensch in engster Verbindung mit der Großen Mutter Erde. Zu ihren Grundfunktionen gehört ihr nährendes Sein, das allem Lebendigen zum Wachstum verhilft.

Sinnliches Verlangen: Die erotisch-entblößte Brust

Die weibliche Körpergestalt unterscheidet sich in ihrer Form von der männlichen. Während Größe, Stärke, Härte, wohlproportionierte Muskeln als idealtypische Aspekte des männlichen Körpers gelten, fasziniert im Blick auf den weiblichen Körper seine wellen- oder schlangenförmige Gestalt. Die Rundungen insbesondere der Brüste, aber auch die des Bauches, des Pos, des Beckens, der Hüfte und Taille wirken weich und fließend. Die wellenartige Form der weiblichen Brust, des gesamten weiblichen Körpers, erinnert an das Meer, an Unendlichkeit und Weite.

Psychosymbolisch wird mit dem Wasser, ähnlich wie mit dem Wald, das Unbewusste verbunden. Ein Großteil der Schöpfungsmythen beginnt mit der Urflut allen Seins. Sie birgt in sich die tiefsten Sehnsüchte des Menschen, seine Wünsche und Träume, seine Bedürfnisse und Emotionen. Dazu gehört auch die menschliche Sehnsucht nach erfüllter Sexualität. Frauen scheinen mit dem Unbewussten von Natur aus recht eng verbunden zu sein. Sogar oder gerade ihre Körperformen, insbesondere die ihrer Brust, weisen darauf hin. Viele Frauen tragen eine mystische Neigung in sich, die bis in die tiefsten Ur-Gründe des menschlichen Seins reichen kann.

Die weibliche Brust in ihrer fließenden Gestalt gilt als eines der großen Symbole des Eros. In ihr versinnbildlicht sich das menschliche Bedürfnis nach Liebe und Hingabe, nach Schönheit und Harmonie, nach Bezogenheit bis hin zur Verschmelzung, nach Einswerdung, Auflösung und Erlösung von aller Ich-Haftigkeit und Anstrengung, nach Einheit und Ganzheit.

Im Schatten der Faszination: Brustangst und Brustkrebs

Zur Frau zu werden ist ein lebenslanger Weg. Jedoch scheinen viele Frauen den Mut für dieses überaus spannende und geheimnisvolle Abenteuer nur begrenzt aufzubringen. Es weckt den Anschein, als blieben sie bis ins hohe Alter hinein mehr oder weniger verhaftet im kindlichen Paradies, wollten maximal zum Mädchen oder zur Prinzessin werden, die bis in alle Ewigkeit auf ihre Erlösung wartet. Eng mit dem mangelnden Mut verbindet sich immer wieder auch das Empfinden, in der Opferrolle gefangen zu sein. Diese übt auf Frauen augenscheinlich nach wie vor einen besonderen Reiz aus. Die Rolle des Aschenputtel spielen viele von ihnen immer noch nahezu perfekt. Es bleibt zu fragen, ob sie bis an ihr Lebensende darin verharren wollen, zumal Depression und Resignation, Angst vor Überforderung und ständige Anklage allzu oft damit einhergehen.

Wenn Frauen ihr weibliches Dasein voll und ganz zu entfalten suchen, bleibt ihnen wohl nur die Möglichkeit, mitten durch ihre Angst hindurch zu gehen und beständig an Mut zu gewinnen. Die Brüste sind das weibliche Organ, das nach außen am meisten sichtbar ist und Frauen als weiblich kennzeichnet. Es wäre zu wünschen, sie tanzten und sängen viele Tage lang, wenn sich die eigenen oder die Brüste eines jungen Mädchens um sie herum aus dem Körper heraus zu wölben beginnen. Stattdessen unterziehen sich Frauen Schönheitsoperationen, lassen ihren Busen vergrößern oder verkleinern, um einem angeblichen Ideal-Bild zu entsprechen. Viele erhoffen sich dadurch verstärkte Attraktivität und Anerkennung ihrer selbst. Das Einsetzen eines Brustimplantats kann jedoch auch zum Segen gereichen, wenn die heutigen Möglichkeiten der Medizin dazu genutzt werden, das Selbstwertgefühl, Selbstbewusstsein und die weibliche Identität von Frauen, insbesondere existentiell bedrohlich erkrankter Frauen, zu stärken.

Die Zahl der Brustkrebserkrankungen nimmt jährlich und weltweit zu. Erklärungsansätze, wie es zu dieser epidemieartigen Ausbreitung kommt, gibt es verschiedene. Einer beschreibt die ökologische Perspektive. Sie geht davon aus, dass das Fettgewebe der Brüste Hauptspeicher für alle Gift- und Schadstoffe aus der Umwelt ist, die der Organismus nicht verarbeitet und verdaut bekommt. Neben dem ökologischen lagert sich, psychologisch betrachtet, auch der seelische Giftmüll in den Brüsten ab. Ähnlich gefährdet ist neben den Brüsten das Herz des Menschen. Wird das Herz in einen Panzer gepackt, wie dies die Träumerin Hanna träumte, bekommt der seelische Giftmüll kaum eine

Chance, sich nach außen entleeren zu können. Notgedrungen sammelt er sich im Herzen und in den Brüsten an. Herz und Brüste fühlen sich zunehmend überlastet und verlieren an Lebensfreude und Funktionsfähigkeit. Die Gefahr von Erkrankungen in diesem Bereich steigt. Frauen ab der Lebensmitte sind besonders gefährdet für Erkrankungen in der Brust und in der Herzgegend. Das leuchtet ein. Denn irgendwann ist der Organismus überfordert mit den ständigen Belastungen und unverdauten Gefühlen, die ihm ein Leben lang zugemutet werden. Der menschliche Organismus ist keine Maschine, sondern das Leben. Damit sei ein weiterer Aspekt angesprochen. Die weiblichen Brüste sind Spiegel des Lebens. Vielleicht drückt sich in einer Erkrankung wie dem Brustkrebs in tragischer Deutlichkeit und Radikalität seine finstere Gewalt aus. Und möglicherweise tut eine Frau gut daran, ihr vor allem mit Respekt und Ehrfurcht zu begegnen und die letztendliche Unkontrollierbarkeit des Lebens durch den Menschen, wie sie sich in jeder Krebserkrankung zeigt, zu akzeptieren. In Zeiten der Finsternis können Glaube, Hoffnung und das innere Wissen um die hellen Mächte des Lebens Trost, Kraft und Zuversicht schenken. Wer den Behandlungsmarathon einer Krebserkrankung selbst durchschritten hat, wem Operation, Strahlenbehandlung, Chemotherapie und Medikamente vertraut geworden sind, weiß, wie dunkel Dunkelheit werden kann, wie ohnmächtig sich Ohnmacht wirklich anfühlt, wie ratlos Ratlosigkeit im Letzten ist, wie jeglicher Lebenssinn dem Menschen zwischen den Fingern zu zerbröseln beginnt, wie klein, hilflos und abhängig der Mensch im Letzten ist und wie sehr Glaube und Hoffnung an Bedeutsamkeit gewinnen, wenn jemand meint, ganz am Ende angekommen zu sein.

Eine Ärztin, ein Krankenpfleger, eine Therapeutin, mit den tiefen Geheimnissen und Nöten des Lebens vertraut, strahlen Hoffnung, Kraft und Willen zur Heilung aus. Ihr Tun wird von diesen Kräften bestimmt sein. Und sie werden der Patientin bewusst oder unbewusst Vertrauen in diese Kräfte vermitteln, damit sie sich selbst zur heilenden Ärztin werden kann. Durch ihre Arbeit werden Mitgefühl, Herzensgüte und Selbstlosigkeit durchscheinen (die unbedingt Grenzen brauchen zum Schutz für sie selbst wie der Patientin). Als Patientin mit den aus sich selbst heraus heilenden Kräften in Berührung zu kommen, schenkt die größte Chance auf Gesundung von Körper, Seele und Geist. Was Gesundwerden für die Einzelne im Letzten bedeutet, bleibt dabei individuell. Auch im großen Sterben kann Gesundung und Ganzwerdung liegen. Den Plan eines einzelnen Menschenlebens wie des Lebens selbst in seiner Fülle und Ganzheit bis ins Letzte hinein zu begreifen, wird für das menschliche Fassungsvermögen ewiges Geheimnis bleiben.

Es lässt sich darüber nachsinnen, ob Erkrankungen wie der Brustkrebs und dessen epidemieartig anmutende Ausbreitung nicht nur zum Sinn-Bild für die Bedrohtheit einzelner Frauen, sondern viel mehr noch zum Sinn-Bild der Bedrohtheit aller Menschen werden können, unabhängig von ihrer Kultur oder ihrem Geschlecht. Spiegelt er in gewisser Weise nicht wieder, woran der evolutionäre Prozess aktuell krankt? Offenbar fehlt nach wie vor die wahrhaftige Integration der urtümlich weiblichen Qualitäten in das Bewusstsein der Menschheit.

Das Dreieck als Sinn-Bild der weiblichen Brust

Die Symbolik des Dreiecks ist so alt wie die Menschen. Im Dreieck steckt die erste Möglichkeit, mit geraden Linien eine Fläche und mit ihr eine Gestalt zu bilden. Und es beinhaltet die Kraft, die in die Bewegung drängt. Diese Bewegung kann mal nach vorne gehen und mal zurück, mal nach oben und mal nach unten, mal ins Licht und mal in die Dunkelheit. In ihr zeigt sich die Lebendigkeit menschlichen Daseins. Somit wurde dem Dreieck in ganz unterschiedlichen Kulturen auch immer wieder religiöse Bedeutung zugesprochen. Jede Zweisamkeit ist gefährdet, irgendwann in die Stagnation zu führen, in die Leere und in den Tod. Das Dreieck führt ins Leben. Allerdings ist Leben nicht nur schön, paradiesisch, freud- und lustvoll. Leben ist die Fülle und Ganzheit allen Seins. Das macht es zu einer echten Herausforderung. Menschen neigen dazu, das Dreieck auf Augenhöhe im Leben zu scheuen. Die Zweisamkeit fühlt sich für die meisten sicherer, kontrollierbarer und bequemer an. In Dreieckskonstellationen hingegen sind Spannungen und Konflikte bereits vorprogrammiert. Die Brüste bilden zunächst eine Dyade. Die doppelte Existenz weist auf ihre Bedeutsamkeit hin. Im Folgenden sind vier Dreieckskonstellationen beschrieben, die mit den Brüsten in enger Verbindung stehen.

Das erste Dreieck bilden die beiden Brüste zusammen mit der Vulva. Es ist das nach unten gerichtete Dreieck, das auch als weibliches Dreieck bezeichnet wird. Aus diesem Dreieck strömt den Brüsten die Energie der Trieb- und Instinktkräfte zu, der kreativen und schöpferischen Impulse, der aggressiven, auch zerstörerischen Aspekte, der gebärenden, sich fortpflanzenden und selbst erhaltenden Anteile menschlicher Existenz ebenso, wie der lust- und genussvollen Seite des Lebens. Das Brust-Vulva-Brust-Dreieck symbolisiert den Uranfang allen Lebens.

Das zweite Dreieck entsteht in der Verbindung der beiden Brüste mit dem Herz. Es kann ebenfalls als ein nach unten gerichtetes Dreieck betrachtet werden. Aus diesem Dreieck fließen den Brüsten die Emotionen zu, in ganz besonderer Weise die Kraft der Liebe und Verbundenheit mit allem Seienden. Schmerz und Trauer sind Teil dieses Flusses. Des weiteren trägt er in sich alle Wünsche und Sehnsüchte. Die meisten von ihnen beziehen sich auf den Menschen selbst, auf seine Wahrhaftigkeit und einzigartige Identität. Sie gehen zugleich mit der Angst um sich selbst einher und vor der Kraft der Liebe. Die träumende Hanna scheint eine besondere Nähe zu diesem Dreieck in sich zu tragen, da das Herz im Traum mehrmals explizit erwähnt wird. Das mag an ihrer weiblichen Identität liegen. Frauen können leichten Zugang zu diesem Dreieck finden, wenn sie sich in die bewusste Auseinandersetzung begeben.

Das dritte Dreieck entsteht in der Verbindung der beiden Brüste mit dem Kopf. Hier zeigt sich das nach oben gerichtete Dreieck, das mythologisch und tiefenpsychologisch auch als männliches Dreieck bezeichnet wird. Aus diesem Dreieck strömt in die Brüste das Denk- und Reflexionsvermögen, die Bewusstseinsfähigkeit. Sie ermöglicht, die vielfältige Kraft und Bedeutsamkeit der Brüste und des Daseins zu begreifen. Es ist das Dreieck, das Wonne, Lust, Nahrung und Wachstum, Selbstentfaltung, Wandlung und Heilung, Liebe, Mitgefühl und Verbundenheit der Brüste mit allem Seienden als Geschenke des Lebens erkennen lässt.

Das vierte Dreieck trägt jede Brust in sich selbst. Es kann auch als mystisches Dreieck bezeichnet werden. Denn es beinhaltet alle wesentlichen Aspekte menschlichen Seins. Die Brust gleicht einem weiblichen Gefäß. In ihm ist bereits alles enthalten, was der Mensch zur Entfaltung, Ganzwerdung und Heilung braucht. Sie trägt in ihren Brustwarzen die phallische, nach vorne strebende, zielgerichtete schöpferische Kraft, die Entwicklungs- und Wachstumstendenzen, die nach Selbstständigkeit streben. Durch die nährende Fähigkeit der Brüste können Frauen das Wachstum an jedes junge Menschenwesen, das sie an ihren Brüsten säugen, weitergeben. Und sie weist in ihrer mandalaischen runden Form von Brust und Brustwarze auf die Selbstsymbolik hin, die Fülle und Ganzheit allen Seins, nach der jede menschliche Existenz strebt.

Die vier Dreiecke, mit denen sich die Brustsymbolik verbindet, können als Wege hin zur Ganzheit und Fülle menschlichen Seins verstanden werden. Die Symbolik der Zahl vier wird mit der Vollständigkeit menschlicher Existenz in Verbindung gebracht. Wenn sie auftaucht, geht es um bewusste Vollendung, um Wandlung und Heilung. Sie beinhaltet Weg und Ziel. In ihr begegnen sich Erkenntnis und Liebe. Sie durchdringen sich gegenseitig, um ewige Gegenwart zu werden. Die geheimnisvolle Träumerin des Buches fand hierzu passend und die Essenz des Kapitels zusammenfassend folgende Worte:

Ich bin meine Brüste
und meine Brüste sind ich!

5. Vulva – Scham und Ekstase

Die Vulva, auch Yoni, gehört zu den ältesten Symbolen der Menschheit. Es gibt in Stein gehauene Darstellungen, die bis zu 30 000 Jahre zurück reichen. In Indien wird sie im Göttinnenkult heute noch verehrt. Auch in der indianischen Kultur und in der schamanistischen Tradition spielt sie eine große Rolle. In ihrem Aussehen und ihrer Symbolik erinnert sie an eine Blume. Sie bringt den Menschen in Berührung mit der Kraft des Gebärens, der erotischen Kraft des Lebens und mit dem Werden-Sterben-Werden-Rhythmus. Darüber hinaus ruft sie das dunkle und verborgene Geheimnis allen Seins wach, in dem jegliches Leben enthalten ist. Es entsteht aus ihm heraus, um wieder darin einzugehen.

Anatomisch betrachtet gehören zur Vulva der Schamhügel, die äußeren und inneren Schamlippen, die empfindsame und erektile Klitoris sowie die sich öffnenden und schließenden Eingänge von Harnröhre und Vagina. Aus der dunklen und tiefen Öffnung fließen Menstruationsblut, Fruchtwasser und Geburtsblut. Das zu gebärende Kind kommt aus ihr hervor. Das Schamhaar, welches auf dem Schamhügel wächst, nimmt Feuchtigkeit und Schweiß auf. Es ruft den evolutionären Ursprung des Menschen ins Bewusstsein.

Die Vulva erinnert an das Sprudeln von Quellwasser aus dem Boden der Erde, an das Wachsen, Entfalten und Welken von Pflanzen und Bäumen. Die Naturreligionen verehren die Vulva daher als Symbol für den Mutterschoß der Erde. Vom Regen des Himmels als Samen befruchtet, entschlüpfen die Menschen wie Pflanzen und Tiere der Erde, um im Tod wieder in sie einzugehen. Sie ist Geburtsstätte und Grab zugleich. In der mystischen Symbolik hütet die Vulva den Ort, in dem Vergangenheit, Gegenwart und Zukunft zusammen fließen. Sie ist Eingangstor zum schöpferischen Unbewussten. In einem Wandlungsprozess, ähnlich dem in der Natur, will es vom Menschen nach und nach ins Bewusstsein geholt werden.

Die intensive Beziehung zwischen der Vulva und dem Mutterschoß der Erde macht die Assoziation der Vulva als Blume deutlich. Mit ihr lassen sich ganz besonders die drei folgenden Aspekte verbinden.

Rhythmus der Erde

Die Symbolik der Blume erinnert an den Rhythmus der Erde. Eine Blume wächst aus der Kraft der Erde. Sie beginnt sich immer weiter zu entfalten. Irgendwann lässt sie ihre Blütenblätter fallen, verwelkt, um im nächsten Frühjahr neu geboren zu werden. Auch die blütenblättrigen Schamlippen verändern sich im Laufe der Jahre. Die Kraft ihrer Farbe lässt nach. Mit dem Älterwerden werden sie faltiger und trockener. Sie sind dann nicht mehr so saftig wie in jungen Jahren. Im Rhythmus der Erde ist auch der beständige Wechsel von Tag und Nacht verborgen. Die meisten Blumen umhüllen in der Nacht ihren Blütenkelch mit ihren Blütenblättern. Sie verschließen sich in sich, um sich am nächsten Morgen neu zu entfalten und ihre ganze Pracht erneut nach außen zu tragen. Wenn die Frau ihre Beine auseinander nimmt, um sich einem anderen Menschen und der Welt zu öffnen, beginnt sich auch ihre Blume in voller Pracht zu entfalten. Schließt sie ihre Beine und ihren Schoß, schließen sich mit ihm auch die Blütenblätter. Das tun sie sogar soweit, bis man sie gar nicht mehr sehen kann. Das Geheimnis der Blume geht wieder ein in den Schoß. Und die Bekleidung des Haares bedeckt den kostbaren Schatz.

Erotische Lebenskraft

Mit der Blume verbindet sich auch die erotische Lebenskraft in ihrer ganzen Fülle. Sie sehnt sich nach lebendiger Bezogenheit und lässt die Menschen einander lieben und annehmen. Aus ihr erwachsen Mitgefühl und Toleranz. Mit der erotischen Lebenskraft lassen sich Selbstlosigkeit und Hingabe genauso wie Lust und Verführung verbinden. Sie weckt Faszination und Anziehung. In ihr steckt die Freude zur Ekstase. Und in ihr steckt die Freude am Sein an sich. Die erotische Lebenskraft will umfangen und behüten. Sie sehnt sich nach Harmonie, nach Zugehörigkeit und Zusammengehörigkeit. Die erotische Lebenskraft vermag zur Ganzheit und Einheit zu führen. Sie lässt die Menschen hoffen auf den Frieden in der Welt und auf die wachsende Verbundenheit ihrer selbst mit der gesamten Schöpfung. Die erotische Lebenskraft ist mächtig und gewaltig und eben so sanft und zart, einzig spürbar wie ein Hauch. Sie wirkt in Zeit und Ewigkeit.

Ganzheit und Einheit

Die verborgene Blume im weiblichen Schoß lässt außerdem an die blaue Blume der Romantiker denken. Sie versinnbildlicht die Ganzheit und Einheit allen Seins. Nach ihr ist der Mensch sein Leben lang auf der Suche. Wenn er Glück hat, findet er immer wieder einmal ein Blütenblatt. Im Suchen nach der blauen Blume wohnen alle seine Sehnsüchte und Wünsche. In ihrem Sein sind sie grenzenlos und unendlich. Die blaue Blume ist Heimat und Ziel der Fantasien und Träume. Sie ist der Weg, den die Wünsche und Fantasien weisen. Und sie ist der Ursprung allen Sehnens und Suchens. Die blaue Blume ist Leben in Fülle. Sie ist Ordnung der Fülle. Und sie ist das lebenslang ersehnte Erkennen der wunderbaren Existenz menschlichen Da-Seins auf diesem Planeten. Das geheime Wissen um die Irgendwo-Existenz der blauen Blume ist es, das den Menschen das Leben immer wieder neu wagen lässt. Sein unentwegtes Ahnen ist es, das ihn hoffen lässt auf den unverwechselbaren Sinn seines Da-Seins. Sein leises Spüren ist es, das ihn staunen lässt über sich selbst und alles, was existiert, jeden Tag, immer wieder neu.

Menstruationsfluss

Die Vulva steht in engem Zusammenhang mit dem Menstruationsfluss, der von den Menschen seit je her als ambivalentes Phänomen erlebt wird. Einerseits werden mit dem Menstruationsblut vitale Energien und befruchtende Eigenschaften verbunden. Andererseits gilt es als unsauber. In den Stammesgesellschaften ging man davon aus, dass die menstruierende Frau alles, was sie berührte, verunreinigte. Aufgrund dessen wurde sie während dieser Zeit separiert und von ihrer Gruppe ausgeschlossen. Auch die Hexenverfolgungen im Mittelalter können vermutlich auf die Furcht vor dem Blut zurückgeführt werden. In den Urkulturen wurde das Mädchen mit Eintritt der Menstruation zur Frau, die von da an eingeweiht war in die Zyklen der Natur und des Lebens. Durch entsprechende Rituale und Riten wurde die körperlich-spirituelle Wandlung vollzogen und gefeiert. In altem Glauben verankert ist auch die Vorstellung, dass die Frau, wenn sie in die Menopause kommt, ihr Blut bei sich behält.

Menstruationszyklus und Mondphasen sind eng miteinander verbunden. Der Mond ist der erdnächste Himmelskörper und gilt neben der Sonne, von der er angestrahlt wird, als eines der beiden großen Lichter am Himmelsgewölbe. Die Beeinflussung irdischer Vorgänge wie der Wechsel von Ebbe und Flut oder das Steigen und Fallen des Saftstroms in den Pflanzen durch die Mondphasen ist fest im alten Volksglauben verankert. In der Mythologie werden der junge Mond, der Vollmond und der Dunkel- oder Neumond mit den drei Lebensphasen der Frau, Jungfrau, Mutter und Greisin, in Verbindung gebracht. Die christliche Ikonographie kennt den Vergleich von der Jungfrau und Gottesmutter Maria mit dem Mond. Häufig ist sie auf einer Mondsichel stehend oder thronend dargestellt. In der Psycho-Symbolik wird mit dem Mond, ähnlich wie mit dem Wald und dem Wasser, das Unbewusste des Menschen verbunden, all jene Seinsbereiche, die im Dunkeln seiner selbst liegen. Das silbern milchige Licht lässt den Mond unklar, anziehend und geheimnisvoll mächtig erscheinen.

Die Nervenbahnen der Frau sind dem heutigen Wissensstand nach sehr fein und komplex mit dem Gehirn vernetzt, was die ausgesprochen sensible Wahrnehmung bei Frauen bis hinein in die spirituelle Dimension bestätigt. Sensible und aufgeschlossene Frauen können gerade mit Unterstützung des Menstruationszyklus die Tiefen ihrer Psyche weit ausloten.

Eingangstor zum Ursprung des Lebens

Die Vulva bildet das Eingangstor zu den Eierstöcken und zur Gebärmutter. Ein häufiger Juckreiz von Frauen in dieser Körperregion kann möglicherweise auf ihre hohe Sensibilität und Empfindlichkeit hinweisen. In vielen Schöpfungsmythen wird die Dunkelheit als das gepriesen, was am Anfang war und ist, als das, was vor allem ist und mit dem alles beginnt. Einige Schöpfungsmythen erzählen vom Ei, das die Dunkelheit schwängert und aus dem der Kosmos geboren wird.

In der Alchemie des Mittelalters wird das Ei zum philosophischen Ei und Symbol-Bild für die *prima materia*, in der bereits alles enthalten ist, so auch der Keim zur Wandlung. Der Dotter des Eies entspricht ihrer Vorstellung nach dem schöpferischen Potential im Inneren der Seele. Vor dem Ausschlüpfen muss das Ei bebrütet werden. So machen es auch die Eingeweihten in den alten Heilritualen. Sie ziehen sich dazu in dunkle Höhlen zurück.

Höhlen galten schon immer als ein idealer Ort, um sich zu sammeln, zu sortieren und neu zu orientieren. In den Vorstellungen der Menschen verbindet sich mit ihnen ein Raum, der einlädt zu regenerieren und neue Kraft zu tanken, um anschließend wieder in die Welt hinaus zu gehen. Wie die Menschen seit Urzeiten suchen auch die Menschen heute in Abständen nach ihren Höhlen. Manche Menschen ziehen sich in eine richtige Naturhöhle zurück.

Andere finden ihre Höhle im warmen Bett unter der Bettdecke, in einem heimeligen Zimmer, an einem einsamen Ort in der Natur, in einer kleinen Kapelle oder auf dem gemütlichen Sofa. Irgendwo sind die Menschen Höhlenmenschen geblieben. Und sie wissen recht gut, wann es Zeit wird, sich in die Höhle zurückzuziehen. Viele tun das gerade in der winterlichen Jahreszeit verstärkt. Sie lädt dazu ein, Höhlen aufzusuchen. Mit dem heranbrechenden Frühjahr strecken die Menschen ihre Fühler dann wieder nach außen, um sich mit neuem Elan in das Geschehen der Welt einzubringen.

Die Gebärmutter ist der Raum des Ursprungs, von wo aus alles menschliche Leben einmal begonnen hat. Sie ist das Paradies, nach dem sich ein Teil des Menschen ein Leben lang zurück sehnt. Ähnlich wie bei den Brüsten ist alles in ihr enthalten. Sie ist in sich ruhend und ganz. Ihre Energie fließt langsam, beständig und verlässlich. Sie bereitet den fruchtbaren Boden, der befruchtet werden will, und wird zum Ort des Gebärens und Geborenwerdens. Die weibliche Gebärfähigkeit beschränkt sich dabei nicht auf die biologische Ebene. Frauen gebären auch geistige Kinder im Sinne von Einfällen, Ideen, Visionen, Konzepten und Weltanschauungen. Häufig bekommt die geistige Art des Gebärens gerade in der zweiten Lebenshälfte starkes Gewicht.

Das geistig-göttliche Kind will in der Psyche des Menschen geboren werden. Es ist das Kind, das ihn zunehmend gegenwärtig da sein lässt und das Innigste seiner selbst zum Leben erweckt. Wenn Menschen die Erfahrung machen, dass es plötzlich um ganz Wesentliches geht, fühlen sie sich in dem Moment häufig wie ein Kind. Die Symbolik des göttlichen Kindes versucht, eben diesem Erleben einen Namen zu geben. Lebensfreude, Neugier, Abenteuerlust und Fantasie sind weitere Aspekte, die dem göttlichen Kind innewohnen. Auch sein Geborenwerden und Sterben ist eingebunden in die allumfassende kosmische Ordnung, der sich ein Mensch weder entziehen, noch bemächtigen kann.

Im Schatten des Bauchraumes

Psychosymbolisch wird das Ei neben seiner befruchtenden Symbolik des Weiteren als Symbol für das Selbst in seiner Ganzheit und Einheit verstanden. Leider gibt es zahlreiche Frauen, die, vergleichbar den Brüsten, gesundheitliche Probleme mit ihren Eierstöcken haben. Ohne auch hier gleich an die gefährlichsten Diagnosen denken zu wollen, ist das Entstehen von Eierstockszysten ein recht häufig vorkommendes Symptom.

Es lässt sich ebenfalls darüber nachsinnen, was die Frau an ihrer ureigenen Aufgabe, jedes Ei im Eierstock zur Reife zu bringen, und damit einhergehend an ihrer Ganzwerdung zu hindern vermag. Wem das nicht allzu absurd erscheint, kann für sich nach einem möglichen Sinn-Zusammenhang von körperlicher Erkrankung und unbewussten psychischen Strebungen auf die Suche gehen. Mit diesem Fokus könnten sich ungesunder Stress und das eingeengt Fühlen in der persönlichen Gestaltungsfreiheit auf das Wachsen von Eierstockszysten begünstigend auswirken. Ungelebte Kreativität, blockierte schöpferische Kraft und mangelndes Vertrauen in die eigenen Fähigkeiten und Möglichkeiten könnten ihr Entstehen fördern. Des Weiteren Bewusstseinskonflikte, die sich im Menschen häufiger abspielen, als er dies wahrscheinlich vermuten würde, die defizitäre Wahrnehmung der intuitiven Fähigkeiten und der fehlende Glaube in die eigene Persönlichkeit spielen, wenn es um das Entstehen und Wachsen von Eierstockzysten geht, möglicherweise eine Rolle.

Auch in Bezug auf die Gebärmutter klagen Frauen über gesundheitliche Probleme. Ein recht häufig vorkommendes Symptom ist die Myombildung. Ebenso können chronische Beckenschmerzen in Zusammenhang mit der Gebärmutter stehen. Je nach Ausprägungsgrad schränken sie die Frau in ihrem Sein und Handeln mehr oder weniger stark ein. Hier können diejenigen, die die Möglichkeit einer Verbindung körperlicher Symptome mit psychischen Aspekten in Betracht ziehen, ebenfalls Zusammenhänge auffinden: Die gesundheitlichen Probleme in diesem Bereich haben vielleicht damit zu tun, dass manche Frauen nicht wirklich in sich ruhen und nicht fest genug in sich zu stehen wagen. Zahlreiche Frauen scheinen auch hier und heute noch unter Komplexen zu leiden, die auf das Empfinden, minderwertig zu sein, zurückzuführen sind. Es fehlt ihnen offensichtlich ein gesundes Selbst- und Selbstwertgefühl. Und genau dieses drückt die Gebärmutter in ihrem Sein aus.

Ähnlich wie bei den Brüsten lässt sich fragen, ob ungewollte Kinderlosigkeit und Krankheitssymptome in Bezug auf Eierstöcke und Gebärmutter auch einen kollektiven symbolischen Sinn-Zusammenhang aufweisen. Wäre es nicht möglich, sie ebenfalls als Sinn-Bilder für die Menschen heute zu betrachten, die richtungsweisend für den gemeinsamen Weg und die damit verbundene gemeinschaftliche Lebensaufgabe sind? Und könnte es sich hierbei nicht vornehmlich um die weitere Integration der urtümlich weiblichen Seelenaspekte handeln, die die Menschen ihrem kosmischen Dasein noch näherbringen möchte?

Sexuelle Vereinigung und Heilige Hochzeit

Im Blick auf die erotische Lebenskraft bezeichnet die mystische Hochzeit die von jedem Menschen ein Leben lang bewusst oder unbewusst angestrebte Vereinigung der in ihm wohnenden psychischen Gegensätze. Im Außen zeigt sich diese Gegensätzlichkeit ganz besonders in der anatomischen und interpersonellen Verschiedenheit von Mann und Frau. Für den Vater der

Psychoanalyse, Sigmund Freud, war das sexuelle Begehren mit dem Ziel der Vereinigung beider Geschlechter miteinander Motor allen menschlichen Strebens. Wird diese Doppelbedeutung von biologischer und symbolischer Ebene klar, mag es auch nicht weiter verwundern, dass das sexuelle Streben einen so großen Raum im Leben eines jeden Menschen einzunehmen scheint.

In ganz unterschiedlichen Mythologien wurde die „Heilige Hochzeit" als rituelle Vereinigung zwischen Gott und Göttin, König und Königin, Priester und Priesterin, zwischen göttlicher, königlicher, priesterlicher Gestalt und Mensch oder zwischen zwei Menschen beschrieben. Und sie wurde als symbolisches Ritual oder religiöser Ritus in Gestalt eines konkreten sexuellen Aktes praktiziert. Das verlieh ihr eine Tiefendimension, die dem einem solchen Ritual oder Ritus beiwohnenden Menschen seine vergessene Sehnsucht spüren ließ nach der körperlich-seelischen Einheit allen Seins. Im Hier und Jetzt des Rituals konnte er sich seiner Verbindung von körperlich-erdhafter Existenz und geistig-seelisch-mystischer Begabung gewahr werden. Vor allem die patriarchalen Religionen haben durch die Abwertung des Körperlichen im Laufe der Geschichte zur Spaltung dieser Einheit beigetragen. Doch im Unbewussten des Menschen ist das geheime Wissen um die ursprüngliche Einheit weiter lebendig. Es tritt zutage in den Fantasien und Träumen, im kreativen Tun und künstlerischen Gestalten, in den körperlichen, seelischen, mystischen Empfindungen, die die Menschen ganz besonders auch im sexuellen Kontext spüren können.

Viele Frauen fragen sich, ob sie eher hetero- oder eher homosexuell veranlagt sind. Sie haben das Gefühl, es nicht sicher sagen zu können. Aus der Zeit der Pubertät kennen die meisten Menschen, Frauen wie Männer, diesbezüglich eine vorübergehende Unklarheit und Verwirrung. Wenn Frauen älter werden, stoßen sie erneut auf das Thema. Manche erkennen dann für sich, dass sie in vielerlei Hinsicht wirklich so etwas wie ein androgynes, kosmisches Naturell in sich tragen.

Damit einhergehend fühlen sie sich in gewisser Weise auch zu beiden Geschlechtern hingezogen. Das Hingezogen-Fühlen zum weiblichen Geschlecht und das konkrete Verbinden mit einem weiblichen Gegenüber lässt Frauen die Urkraft des Weiblichen verstärkt spüren. Es ermöglicht ihnen, noch vertiefter in die eigene Identität hinein zu wachsen. Wenn sie hingegen mit einem Mann zusammen sind, erahnen sie die Ganzheit und Einheit des Lebens umfassender. Und sie können deutlicher fühlen, welche Aspekte ihrer selbst noch recht fern von ihnen sind und in Zukunft weiter ausgeprägt werden möchten.

In der Verbundenheit mit einem Mann wächst in der Frau der Mut, ihre Identität zu ergänzen und zu erweitern. Und es wächst eine zunehmende Akzeptanz für die Aspekte des Lebens, die ihr möglicherweise für immer verschlossen bleiben werden. Für manche Frau scheint das Liebesspiel mit einer anderen Frau ungefährlicher zu sein als das Liebesspiel mit einem Mann. Das beginnt bereits auf der ganz praktischen Ebene, zum Beispiel was die Thematik der Verhütung anbetrifft. Auch ist aufgrund der größeren Ähnlichkeit von Anbeginn an mehr selbstverständliche Nähe da. In anderer Hinsicht kann gerade die Ähnlichkeit zu einer destruktiven Entwicklung beitragen.

Im Zusammensein mit einem Mann kann der Frau das Fremde zum Verhängnis werden. Genau so kann ihr sein gegenteiliges und ergänzendes Wesen zur Ganzwerdung gereichen. Im Letzten kann nur jede Frau für sich ganz alleine spüren, welche Beziehungsgestalt ihr wirklich guttut und mit welchem Menschen sie die lustvolle Seite der eigenen Existenz teilen will. Und das kann sich im Laufe der Jahre verändern. Nichts im Leben ist festgeschrieben. Alles bewegt sich im beständigen Fluss der Wandlung.

Möglicherweise fühlen sich viele homosexuelle Paare verbundener mit dem Leben als manches heterosexuelle Paar. Vielleicht verlaufen eine ganze Reihe offener oder auch wechselnder Beziehungen glücklicher als manche Heirat. Es kann sein, dass in einer für die äußere Wahrnehmung vielleicht ungewöhnlichen Alterskonstellation die Lebendigkeit der Beziehung sehr viel spürbarer ist, als in vielen normgerechten Verbindungen. Manchmal lässt sich auch fragen, ob die langjährige feste Bezogenheit auf einen einzigen Menschen die Verbundenheit mit dem Leben fördert oder bremst. Vermutlich ist das auch verschieden und in der individuellen Partnerschaft persönlich zu betrachten. Äußere Bezogenheit kann helfen, zur inneren Bezogenheit mit dem Leben zu finden. Dabei ist wichtig, auf äußeren Regeln und Gesetzen basierende Beziehungen nicht zu verwechseln mit der Bezogenheit auf alles Lebendige. Diese zu leben braucht Mut, das nackte Sein zu leben und zu lieben.

Die Wechseljahre als spirituelle Erfahrung

Immer wieder werden die Wechseljahre als Erkrankung oder zumindest als Ursache für viele Erkrankungen angesehen. Wenn eine körperliche Veränderung bei einer Frau mittleren Alters medizinisch nicht wirklich erklärbar ist, sind es häufig die Hormone, die dann herhalten müssen.

Die Wechseljahre selbst als Krankheit zu bezeichnen, scheint wohl eher eine Dummheit zu sein. Tatsächlich durchleben aber viele Frauen in der Lebensmitte beginnend recht labile und sensible Jahre. Und es mag auch stimmen, dass sie in dieser Zeit durchaus anfälliger für eine Vielzahl von Erkrankungen sind. Immerhin geschieht im Organismus eine riesige Umwälzung. Er beginnt sich von Grund auf neu zu sortieren. Kein Wunder, dass das eine Frau vorübergehend aus der Bahn werfen kann, die eine mehr, die andere weniger. Vielleicht reicht es nicht, die Antwort auf alle Veränderungen, die der Körper in dieser Zeit durchmacht, einzig den Hormonen zuzuschieben, ohne sie weitergehend zu hinterfragen.

Eine ernsthafte Erkrankung in dieser Lebensphase ist möglicherweise mehr als nur ein hormonabhängiger Tumor, eine Herzschwäche aufgrund des sinkenden Östrogenspiegels, eine hormonelle Zyste, eine Osteoporose-Erkrankung, die durch den sich verändernden Hormonspiegel ausgelöst wird, oder eine hormonbedingte Hautveränderung, die bedrohlich werden kann. Was heißt denn, es sind die Hormone? Wie könnte der Mensch das Wechseljahrs-Phänomen tiefergehend verstehen?

In den Schweißausbrüchen dieser Zeit steckt das Feuer der Erde. Sie bringen Frauen mit der Kraft in Berührung, die es für sie in der zweiten Lebenshälfte verstärkt auszuprägen gilt. Da sie sich ihres Feuers in der ersten Lebenshälfte oft kaum bewusst sind, bricht es in der Lebensmitte umso jäher hervor, beinahe so, als wolle es sagen:

Ich bin auch noch da. Ich wohne seit Urzeiten in dir. Und ich will endlich zur vollen Lebendigkeit entflammen. Ich bin die schöpferische Kraft in dir, die ihr kreatives Potential endlich voll und ganz entfalten will. Ich bin die Tatkraft in dir, die das Leben auf der Erde aus dem eigenen Inneren heraus gestalten möchte. Ich bin die zielstrebige und durchsetzungsfreudige Energie in dir, die die Evolution vorantreibt. Ich bin die brennende Idee in dir, die dich zum visionären Handeln anregen will. Ich bin die Kraft deines Geistes,

*die der Zukunft ein Gesicht geben möchte.
Ich bin die leidenschaftliche Liebe, die Verbundenheit schaffen und Glück in die Welt
bringen möchte. Ich bin die glühende Begeis-
terung, die dich Feuer und Flamme sein lassen will für dein Leben hier und jetzt.*

In den wachsenden Gefühlsschwankungen dieser
Zeit steckt das Wasser der Erde. Wie Ebbe und
Flut wechseln in der Zeit die Gefühle. Mal verhalten sie sich angenehm und ruhig wie die sanfte
See. Ein anderes Mal wirbeln sie durcheinander
wie das tosende Meer. Am Morgen plätschern sie
in kleinen Wellen vor sich hin. Am Mittag peit-
schen sie alles nieder wie wild wogende Fluten.
Am Abend zeigen sie sich schlaff und erschöpft.
Mal gleichen sie einer sprudelnden Quelle oder
einem singenden Bach. Dann fühlen sie sich wieder an wie ein reißender Fluss. An einem Tag stürzen sie in die Tiefe hinab wie ein steiler Wasserfall.
Am anderen Tag überschwemmen sie das weite
Land. Und wieder an einem anderen Tag schenken sie Freude an der eigenen Existenz.

In den Hitzewallungen dieser Zeit steckt
der Rhythmus der Erde. Die frischen, neuge-
borenen Frühlingsgefühle werden von den lei-
denschaftlich brennenden Triebimpulsen des
Sommers abgelöst. Wehmut, Abschiedlichkeit

und Melancholie des Herbstes gehen in die kalten und harten Empfindungen des Winters über, die bis hin zu völliger Leere, Erstarrung, Sterben und Tod reichen können. Intensiver denn je können Frauen in dieser Zeit den Rhythmus der Erde spüren und lernen, noch mehr im Einklang mit ihm zu leben. Dazu hilft es, sich bewusst zu werden, dass sich die Erde im menschlichen Organismus und der inneren Seelenlandschaft spiegelt.

Im Zusammenbrechen der bisherigen Weltsicht, der Lebens- und Glaubenssysteme steckt die Luft der Erde. Der Mensch ist zur Freiheit berufen. Und mit den Wechseljahren kommen die Tage, in denen er zu spüren beginnt, wie abhängig von Sicht- und Glaubensweisen anderer Menschen, ganzer Institutionen und Systemen er die erste Hälfte seines Lebens verbracht hat. Das betrifft Frauen möglicherweise ganz besonders. Denn noch immer scheuen sie sich davor, allen Gedanken, die ihr Wesen hervorbringt, wirklich zu vertrauen. Einige Dinge wagen sie bis heute nicht zu denken. Sobald ein Gedanke dieser Art sich in ihnen bemerkbar macht, drängen sie ihn schnell ins Unbewusste und tun so, als ob sie ihn nie gehabt hätten. Indem die Wechseljahre die bisherige innere Ordnung durcheinanderwirbeln, zwingen sie regelrecht dazu, selbst mit Denken zu beginnen.

In den zunehmenden Erkrankungen dieser Zeit und im Prozess des Alterns steckt vielleicht die mystische Beschaffenheit des menschlichen Seins. Die Menschen sind Materie, der Erde gleich. Aus Sternenstaub sind sie einst entstanden. Und dorthin kehren sie wieder zurück. Jede Erkrankung bringt in Berührung mit der menschlichen Zerbrechlichkeit, Begrenztheit und Vergänglichkeit. Und gerade damit schenkt sie die Chance, Leben bewusster auszufüllen und zu gestalten. Die Menschen sind aber auch Energie und Geist. Ihr Sein ist so unvergänglich wie es vergänglich ist, so grenzenlos wie es begrenzt ist, so umfassend wie es speziell ist, so besonders wie es gewöhnlich ist, so durchsichtig wie es materiell ist. Jede Erkrankung und auch das Altern können den Weg zu diesem Erkennen weisen. Im ganz persönlichen Dialog mit der jeweiligen Erkrankung und dem eigenen Altern wird Offenheit wachsen, aus der heraus Wandlung beginnen kann.

6. Gesegnetsein und Erwachen

Die ungewöhnliche Reise der Träumerin geht zu Ende. Hannas Mut und Reflexionsbereitschaft werden am Schluss reich beschenkt.

Von irgendwoher fällt ein dünner, leuchtend blauer Umhang auf das Gras direkt vor mich.

Ein Kleidungsstück aus dünnem Stoff - ein Umhang - in leuchtend blauer Farbe liegt Hanna plötzlich zu Füßen. Blau lässt an die bekannte Vision der mittelalterlichen Ordensfrau und Heiligen Hildegard von Bingen denken. Es ist die Vision vom kosmischen Menschen, der ihr ebenfalls ganz in die Farbe blau eingetaucht erscheint. Und sie weckt die Assoziation zur Heiligen Jungfrau und Gottesmutter Maria, die in der Kunst eben so gerne von kosmischem Blau umgeben dargestellt wird. Mit der Farbe blau verbinden die Menschen neben ihrer kosmischen Bedeutsamkeit ganz besonders auch das Geistige. Blau ist die Farbe der Gedanken, die den Menschen tagtäglich durch den Kopf gehen, wenn sie sie nicht ab und an ein wenig verscheuchen. Sie ist die Farbe ihres Denk- und Reflexionsvermögens. Blau ist auch die Farbe der Bewusstseinsfähigkeit. Sie ist die Farbe der Klarheit und ewigen Ordnung allen Seins.

Das Leuchten des Umhangs ruft die uralte Symbolik der Sonne wach. In ihrer symbolischen Bedeutung wird diese vorwiegend in Verbindung gebracht mit dem Großen Vater, während sie in der deutschen Sprache grammatikalisch weiblich ist.

Vielleicht weist das darauf hin, dass ihr durchaus auch weibliche Qualitäten wie ihre wärmespendende oder wachstumsfördernde Kraft innewohnen. In jedem langen Winter sehnen sich die Menschen nach dem Licht und der Wärme der Sonne. Sie wissen, dass sie ihre fruchtbare Energie wieder zu neuem Leben zu erwecken vermag.

Symbolisch betrachtet wurde der Sonne, wie bereits angesprochen, trotz dieser Aspekte vornehmlich das männliche Prinzip zugeordnet. Sie befruchtet die weibliche Erde mit ihren geistdurchwirkten göttlichen Strahlen, durch die das Wachstum der Erde hervorgerufen wird. Die Menschen der Urkulturen erlebten sie als Urlicht, das in allem Lebendigen zu finden ist. Ihr Leuchten schenkt Überblick, Einsicht, Distanz, Unabhängigkeit und Freiheit. Es befördert Klarheit, Ordnung und Struktur. Somit wurde die

Sonne auch zum Symbol für die Bewusstseinsfähigkeit des Menschen, die in der Erleuchtung ihren höchsten Punkt erreicht.

Die unsichtbare Stimme bittet mich darum, ihn umzuhängen, damit er mich schütze, mehr als alles, was ich vorher getragen habe.

Die abendländische patriarchale Kultur, in der die Träumerin beheimatet ist, lässt annehmen, dass die Stimme, die zu ihr spricht, männlichen Klang trägt. In den mythologischen Vorstellungen der Menschen ging das männliche Prinzip aus dem weiblichen hervor, so wie es sich auch in der bereits beschriebenen Sonnen-Symbolik zeigt. Die Menschen verbanden mit dem männlichen Prinzip Aspekte wie Ordnung, Trennung, Klärung und Entscheidung.

Während im Blick auf das Väterliche vorwiegend geistige Aspekte wie die Denkfähigkeit, die Fähigkeit zur Reflexion und Bewusstwerdung im Vordergrund standen, galt der Sohn des Vaters als Held, der über Tatkraft, Kampfesmut, Abenteuerlust und Zielstrebigkeit verfügte. Die patriarchale Kultur machte die Vaterfigur zur höchsten Autorität. Das Göttliche selbst war von nun an ausschließlich männlich. Bis heute beten die Menschen im Christentum zu Gott Vater, Sohn und Heiligem Geist. Mit der Jungfrau und Gottesmutter Maria, die im christlich-theologischen Denken selbst nicht göttlich ist, wird versucht, die Einseitigkeit ein Stück weit aufzuheben.

Im väterlichen Segen - für die Träumerin in der Gabe des leuchtend blauen Umhangs und der sich mit ihm verbindenden schützenden Zusage - steckt der Ruf, nach außen aufzubrechen, dorthin zu gehen, wo der Mensch lebt und arbeitet. Die Botschaft des väterlichen Segens fordert den Menschen auf, seine Talente nicht länger in sich zu hüten und zurückzuhalten. Er will ihn viel mehr ermutigen, seine Unverwechselbarkeit und Einzigartigkeit zu leben. Der väterliche Segen will den Menschen zur Selbst-Reflexion führen, zum Vertrauen in sein Denkvermögen und zu möglichst umfassender Bewusstheit. Symbolisch betrachtet ist er Ausdruck der heldenhaften und der geistigen Seiten menschlicher Existenz. Der Mensch ist dazu bestimmt, die Erde zu erhalten und die Welt zu gestalten. Das tut er vor allem dann, wenn er sich soweit als möglich seiner selbst bewusst ist und sich zu entfalten beginnt. Dazu sind Männer und Frauen im gleichen Maße berufen. Der väterliche Segen mit seinen bewusstseinsfördernden, schützenden und schöpferischen Gaben bestärkt sie auf ihrem Weg.

Der Name des Umhangs heiße Liebe.

Die Liebe, um die es in Hannas Traum geht, wird wohl umfassend gemeint sein. Ihre Kraft ist von allen Aspekten des Eros durchdrungen. Es ist ganz offensichtlich eine Liebe, die Lust, Leidenschaft, Offenheit, Hingabe, Mitgefühl, Freundlichkeit und Barmherzigkeit miteinander zu verbinden sucht. Es ist eine Liebe, die möchte, dass der Mensch auch seine sinnlichen Bedürfnisse lebt. Es ist eine Liebe gegen die Angst, gegen Furcht und Verbissenheit, Groll und Hass, eine Liebe gegen Engstirnigkeit, Regel- und Dogmen-Rigidität, gegen Neid und Eifersucht, Unzufriedenheit, Sinnlosigkeit und Resignation. Es ist eine Liebe, die Ja sagt zum Menschen, mit allem, was zu ihm gehört, eine Liebe, die Ja zum Leben sagt, so wie es sich den Menschen in seiner Fülle zeigt.

Ich fange voller Dankbarkeit an zu weinen.
Der Lichtstrahl verschwindet. Ich wache auf.

Die große Dankbarkeit, die Hanna zu erfüllen beginnt, lässt sich möglicherweise auf ihre tiefe

Ergriffenheit, ihre Fühl- und Reflexionsbereitschaft, ihr Verbundenheitserleben zurückführen. Hannas neue Wahrnehmung der mit einem Mal so bunt und fröhlich gewordenen Welt mag auf die geglückte Integration einiger Erfahrungen aus der Traum-Reise in ihr Tagesbewusstsein hinweisen, Erfahrungen, die sie offensichtlich mit der Wirklichkeit und Symbolik des weiblichen Körpers sowie seiner spirituellen Dimension in Berührung brachten.

Dazu könnten Aspekte der Anerkennung ihres eigenen Körpers gehören, der Annahme ihrer Schattenexistenz, ihrer Endlichkeit und Sterblichkeit sowie das Finden einer Spur, die sie auf ihrem ureigenen Weg ein Stück weit aus dem strengen Dualismus zu führen vermag. Des Weiteren geht es vielleicht auch um die Fülle und Ganzheit allen Seins und um die Versöhnung mit dem eigenen Gewordensein. Der Mut zur Nacktheit und ihre Bereitschaft, diese zu reflektieren, haben ihr mehr Bezogenheit und Vertrauen zu sich selbst und zum Leben geschenkt. Hanna hat an Natürlichkeit, Echtheit und Authentizität gewonnen.

Ausgehend von der mikro- und makrokosmischen Perspektive menschlicher Existenz spiegelt sich in jedem Menschen die Große Mutter

Erde und weit darüber hinaus der ganze Kosmos und mit ihm auch der Große Vater. Umgekehrt sind Erde und Kosmos in ihrem ganzen Sein Spiegel der menschlichen Existenz. Sie sind innere und äußere Erde, innerer und äußerer Kosmos zugleich. Wie die Erde ist der menschliche Körper fest gewordene Energie, durchpulst von Energie, die wiederum durchdrungen ist vom göttlichen Mysterium. Vergangenheit, Gegenwart und Zukunft manifestieren sich in diesem einen Punkt, der menschlichen Körperlichkeit. Das Geheimnis des Lebens inkarniert sich, wie bereits mehrfach beschrieben, im Schöpfungsprozess der Welt und mit ihm in und durch den Menschen. Begrenztheit und Vergänglichkeit des Menschen ermöglichen dem ewig lebendigen Mysterium, sich selbst zu erkennen.

Die Idee des sich im Menschen offenbarenden und erkennenden Göttlichen ist uralt. Sie lädt den Menschen zur von Dankbarkeit erfüllten Lebens-Feier ein. In der Übernahme von Verantwortung für sich selbst und die Welt wird die ureigene Berufung jedes einzelnen sowie der Menschheit im Ganzen sichtbar, hörbar und spürbar.

7. In Dankbarkeit das Leben feiern

Vermutlich kennt jeder Mensch Ereignisse, die ihn aus dem gewöhnlichen Alltagsgeschehen herauskatapultieren. Ihre Außergewöhnlichkeit ruft in ihm, ähnlich wie es Hanna ergangen ist, Faszination und Erschrecken hervor. Sie werden zu Erfahrungen von seltener Gefühlsintensität, manchmal auch vertiefter Erkenntnis. Im Augenblick des Erlebens und Bewusstwerdens wünscht sich der Mensch nichts sehnlicher, als die ganzheitliche Erfahrung in sein gewöhnliches Alltagsleben hinüberzuretten. Meist gelingt ihm das, wenn überhaupt, nur in Bruchstücken. Erst das genaue Hinhören, Hinschauen, Hinspüren und Hinfühlen lässt das Geheimnisvolle im Alltag wieder aufscheinen. Es liegt in der freudvollen und dankbaren Haltung, mit der ein solcher Mensch durchs Leben geht. Es liegt in der gefühlvoll-tiefen Bewusstheit, mit der er alltäglich da ist und handelt. Und es liegt in seiner lichter, transparenter, lebendiger und geheimnisvoller gewordenen Gesamterscheinung.

Der eigenen Lebendigkeit Raum geben

Immer wieder kann es einem vorkommen, als ob Menschen der Freude im Leben zu wenig Raum schenkten. Dabei gibt es vermutlich in den meisten Leben so viele kleine und große Freuden, für die Menschen dankbar sein könnten. Freude scheint ein ganz wesentlicher Faktor zu sein, wenn es darum geht, das Gelingen oder Nicht-Gelingen des Lebens abzuwägen. Sie beginnt mit dem JA zur menschlichen Existenz. Die Freude lässt Menschen die Innen- und Außenwelt bunter erscheinen. Sie blicken auf viele Dinge recht gelassen. Plötzlich sind sie schön – so wie Hanna. Das Leben erscheint ihnen lebenswert, auch wenn es Trauriges, Schmerzvolles und Enttäuschendes beinhaltet. Sein Gelingen ist zum Greifen nah. Manche spüren geradezu die Anwesenheit des göttlichen Kindes in seiner Natürlichkeit, Einfachheit und Offenheit in sich. Da Frauen einen besonders leichten Zugang zur Gefühlswelt finden können, dürfte es ihnen im Grunde nicht allzu schwerfallen, die im Laufe ihres Lebens möglicherweise verloren gegangene Freude wieder zu entdecken und neu zu beleben.

Ein Weg dorthin kann die Erfahrung des Genießens sein. Oft sind es vor allem die kleinen Dinge, wie eine liebevolle Umarmung, ein Viertelstündchen in der Sonne, ein schmackhaftes Gericht oder ein wohltuendes Wort, die Menschen zum Genießen anregen und ihnen Appetit machen. Das Leben in seiner Schönheit bietet so viele, kleine wie große, freud- und lustvolle Aspekte. Eine ganz wesentlicher scheint auch die Sexualität zu sein, sofern sie einander ernst nimmt und die jeweiligen Bedürfnisse und Empfindungen bis hin zu spirituellen Erfahrungen, die mit gelebter Sexualität einhergehen können, gegenseitig anerkennt. Gerade weibliche Sexualität ist hoch sensibel. Finden Frauen Möglichkeiten, sie in ihrem weitreichenden Potential lebendig sein zu lassen, kann ihnen dies zu wachsender Lebenszufriedenheit und Erfüllung gereichen. Die Selbstbefriedigung als ein eigener Ausdruck gelebter Sexualität führt bisweilen in die imaginäre Innenwelt, in die Welt der Fantasien und Träume. Sie ist in erster Linie ein Akt der Introversion und Selbstbezogenheit. Darin liegt ihre Stärke. Für manche gestaltet sie sich als tiefgreifende spirituelle Erfahrung.

Wunderbar kann sich der Mut zum Verrückten anfühlen. Damit ist nicht das völlige Entgleiten der bewussten Existenz gemeint. Vielmehr geht es um das Zugestehen der alltäglichen kleinen Verrücktheiten. Menschen, Frauen wie Männer, werden wahrscheinlich bald merken, wie gut es tut, diesen Raum im Leben zu geben. Denn irgendwo in ihnen wohnt das Kind, das sie einmal waren und noch sind. Dieses Kind möchte auch weiterhin leben. Es braucht immer wieder einmal die Vergewisserung, dass die Menschen sich über seine Existenz freuen. Möglicherweise werden die wenigsten das kleine Verrücktsein im Laufe des Lebens gelernt haben. Die meisten sind wahrscheinlich viel mehr perfekt, korrekt und in hohem Maße vernünftig. Oder sie finden keinerlei Maß für das Verrücktsein und schlagen in Abständen richtig über die Stränge. Im Gegensatz zu den kleinen Verrücktheiten kann das maßlose Verhalten menschliches Wohlsein belasten. Maßlosigkeit kann sich im Menschen auf direktem oder subtilem Weg deshalb leicht Raum verschaffen, weil Alltagsmenschen, gerade Frauen, häufig damit beschäftigt zu sein scheinen, vorbildlich angepasst aufzutreten.

Über sich selbst und das Leben liebevoll zu lachen, gehört wohl zu den befreiendsten Lebensaspekten. Im tiefsten Inneren wissen viele Menschen recht gut, dass das Lachen die Möglichkeit schlechthin ist, das Fazit ihrer lebendigen Existenz auszudrücken. Sind die Menschen im Letzten nicht alle mehr oder weniger einfältige und törichte Wesen, die nie wirklich aus den Kinderschuhen herausgefunden haben? Warum um alles in der Welt bringen sie sich immer wieder um diese herrliche Lebendigkeit? Früher oder später ist alles vorbei. Und es mag kaum Tragischeres geben, als am Ende eines Lebens plötzlich zu erwachen und festzustellen, dass das Leben noch gar nicht wirklich begonnen hatte. Bliebe dem Menschen, ob Frau oder Mann, bei einer derartigen Erkenntnis denn viel anderes übrig, als zu lachen über sich selbst und diese törichte Welt?

Fähigkeit zu Trauer und Versöhnung

Was Gefühlsdinge angeht, sind viele Frauen Expertinnen. Ihr eigenes Leben, das Leben anderer, die ganze Welt betrachten sie vor allem aus dieser Perspektive. Als Meisterinnen der Gefühle ahnen sie möglicherweise, woran die Gesellschaft im Moment krankt und was das Leben so vieler Institutionen leer und hohl erscheinen lässt. Sie wissen um den verloren gegangenen Zugang zum Körper und zur Seele, zu den vielen Formen und Farben der Gefühle, die die Welt so bunt erscheinen lassen. Allerdings kann das intensive Gefühlsleben, ob nach innen oder außen gekehrt, für die Betreffenden auch mit großer Anstrengung verbunden sein. Und es verwundert nicht, weshalb sich Menschen ausgebrannt und erschöpft fühlen. Aus Angst verschließen sie sich vor den eigenen Emotionen und vor denen anderer. Sie trennen sich innerlich von ihnen ab, ähnlich wie Hanna es im Traum anfangs tat. Sie legte sich eine Rüstung an, um ihr Herz zu schützen. Diese Rüstung, die sie ein Leben lang in sich einschloss, plötzlich wieder abzulegen, muss ein sehr einschneidendes Erlebnis für sie gewesen sein. Offenbar war es ein guter Schritt. Denn Hanna wirkte am Ende des Traumes tief berührt, glücklich und frei. Vielleicht kann sie auch andere Menschen dazu motivieren, nach einem ähnlichen Umgang mit den eigenen Gefühlen zu suchen.

Viele Menschen haben im Laufe ihres Lebens die Fähigkeit zum Trauern vergessen. Es ist ihnen offensichtlich nicht mehr zugänglich, was wirkliche Trauer bedeutet. Stattdessen lagern Frauen, wie Hanna, alles Betrauernswerte vornehmlich ein in ihr Herz, in die Brüste oder den weiten Raum ihres Unterleibes, wie es das Buch an anderer Stelle beschreibt. Denn die Dinge, von denen der Mensch sich im Laufe seines Lebens nicht zu befreien vermag, brauchen Platz. Er benötigt für sie so etwas wie einen Abstellraum. Wenn dieser Raum irgendwann überquillt, kann er destruktive Gestalt annehmen. Die verschiedenartigen gesundheitlichen Probleme, die häufig damit einhergehen, scheinen vielen vertraut zu sein.

Möglicherweise tun Menschen gut daran, nicht zu unterschätzen, dass neben der quantitativen Überfrachtung ihrer körperlichen Abstellräume die Qualität des Zurückgehaltenen mit großer Energie verbunden ist. Zur Kraft des Schmerzes gesellen sich häufig Hass und Groll, die energetisch sehr aufgeladen sein können. Auch Angst kann daher rühren und die Menschen wellenweise heftig packen. Der Mensch spürt, dass sich mit großer Wucht Schreckliches entladen würde, ließe er manches Betrauernswerte zu. Dabei könnte es vielleicht so wichtig für ihn sein, er würde sich die mit dem Schmerz einhergehenden Gefühle zugestehen. Aufgestauter Hass und aufgestaute Wut können das Krankheitsrisiko eines Menschen deutlich steigern und seine Seele regelrecht zerfressen, vergleichbar dem Krebs, der einen Körper nach und nach zersetzt. Dagegen kann kaum etwas so befreiend wirken wie der kreative Ausdruck eines Menschen, egal, ob er tanzt, singt, musiziert, malt, tont, backt, kocht, handarbeitet, Briefe schreibt, im Garten arbeitet, dichtet. Je freier Menschen sich fühlen können, wenn sie sich in ihrem Sosein ausdrücken, und je intensiver sie sich im Kontakt mit sich selbst erleben, desto mehr wird ihr kreatives Tun zur Gesundheit an Leib und Seele beitragen.

In allem Schmerzhaften verbirgt sich zumeist eine heilende Kraft. Mögen manche Menschen auf ihrem Trauerweg vorübergehend noch labiler, gesundheitlich noch angeschlagener erscheinen, aus einem tief durchschrittenen Trauerweg gehen Körper, Seele und Geist mit großer Wahrscheinlichkeit ganzer und versöhnter hervor. Wer sich bewusst dazu entschließt, der Angst vor dem eigenen Schmerz ins Gesicht zu sehen, wird hoffentlich ein Stück weit aus seinen seelischen Verletzungen heraus finden, zumindest soweit, dass das Führen eines glücklichen, gesunden und zufriedenen Lebens möglich sein kann. Noch viel schöner wäre natürlich, er begänne das Wunder seiner Existenz vor lauter Freude und Dankbarkeit zu würdigen und zu feiern.

Offenheit für die kleinen und großen Rhythmen des Lebens

Je älter Menschen werden, desto deutlicher beginnen viele von ihnen zu spüren, dass alle Menschen eingebunden sind in den großen Lebenskreislauf des Werden-Sterben-Werden. Niemand kann sich ihm entziehen, niemand kann ihn kontrollieren, niemand kann sich seiner bemächtigen. Der Kreislauf ist Frau und Herr über die Menschen. Sie können ihr Sein und Handeln nicht an ihm vorbei leben. Er begegnet ihnen in dem einen großen Kreislauf, den sie einmalig durchlaufen vom kleinen Kind bis hin zum alten und sterbenden Menschen. Er begegnet ihnen in den immer wieder kehrenden kleineren Kreisläufen. Je mehr der Mensch Zugang zum tiefen Geheimnis allen Lebens findet, das immer und ewig in den gleichen Rhythmen verläuft wie der Gang der Jahreszeiten oder der Lauf des Mondes, kann er ihm gelassener und voller Staunen entgegentreten. Er weiß, dass sein eigener Lebenslauf wie der der Anderen eingebunden ist in diese ewige kosmische Ordnung. Mag er auch krank werden, mag er sterben, aus diesem mächtigen und grandiosen Kreislauf wird er niemals heraus fallen. Im Lauf des Lebens lernen Menschen nicht nur den großen, sondern auch die vielen kleinen Tode kennen, die sie selbst ebenso wie die Menschen um sie herum immer wieder erfahren. Es sind häufig die Tode, die sie hinweisen darauf, dass etwas in ihrem Leben, eine Lebensphase, ein Abschnitt, zu Ende geht und Neues beginnen möchte.

Viele Frauen können den Kreislauf des Lebens ganz besonders im Zyklus ihrer Menstruation spüren. Dadurch, dass sie bis in die Wechseljahre hinein diesen Rhythmus monatlich durchleben, ist es für manche leicht möglich, nicht nur gedanklich, sondern auch körperlich und emotional, beständig vertiefter etwas von dem zu erspüren, was das Leben in seiner Fülle, Ganzheit und Einheit wirklich ist und wie es sich dem Menschen in immer wieder neuen Formen und Farben offenbaren möchte. Zahlreichen Frauen sind die Wechsel von Kreativität, Ekstase, Inspiration hin zu Schmerz, Trauer, Lustlosigkeit, Gereiztheit, Unzufriedenheit weitgehend vertraut. Ein möglicher Weg scheint hierbei zu sein, diese als natürlich gegeben anzuerkennen.

Das Leben in Rhythmen beinhaltet auch den Wechsel von Sein und Handeln. Menschen, insbesondere Frauen, neigen bisweilen dazu, sich passiv zu verhalten und abzuwarten, was das

Leben ihnen als Nächstes bescheren wird. Die Symbolik der Vulva macht die abwartende Haltung der Frau verständlich. Frauen haben eine besondere Gabe zu warten, zu empfangen und aufzunehmen. Wer ins alltägliche Leben blickt, wird genügend Situationen kennen, in denen gerade diese Stärke gefragt ist. Viele Frauen legen außerdem ein ausgeprägtes Durchhaltevermögen an den Tag. Und sie zeigen sich versiert in der Kunst, das aufzunehmen, was ist. Frauen sind talentiert darin, den richtigen Moment für etwas zu erspüren. Dass das, was ein Mensch empfängt, fruchtbar wird, hängt sehr oft vom richtigen Moment ab und davon, genau diesen nicht verstreichen zu lassen, sondern ihn zu nutzen.

Schöpferisches Handeln hingegen will etwas produzieren, das nach vorne führt. Es drängt den einzelnen Menschen dazu, Neues auszuprobieren. Schöpferisches Handeln braucht Stärke und Entschlossenheit. Sowohl in der Symbolik der Brustwarzen, als auch in der Kraft der Klitoris begegnet diese schöpferische Schaffensqualität der Frau. Schöpferisches Handeln braucht Mut. Davon können die meisten Menschen mehr als genug brauchen. Mutig sein bedeutet nicht waghalsig sein. Waghalsigkeit hat etwas mit Verantwortungslosigkeit zu tun. Mut hingegen äußert sich gerade und vor allem in der Verantwortungsübernahme.

Geistige Entfaltung

In vielen Menschen wohnt ein wissensdurstiger Geist, der all die kostbaren Dinge, die ihm im Leben begegnen, gerne tiefergehend hinterfragen möchte. Er würde am Liebsten vieles so genau wie nur irgend möglich wissen und die geheimnisvollen Zusammenhänge des Lebens nicht nur mit dem Herzen, sondern auch mit dem Kopf verstehen wollen. Gerade das Verstehenwollen der Zusammenhänge ist ein ausgesprochen weiblicher Aspekt. Es ist das Gespür der Frau für die ursprüngliche Bezogenheit aller Dinge aufeinander. Dieses Gespür kann manche Menschen dazu drängen, in ihren Wahrnehmungen und Fantasien kognitiv bestätigt werden zu wollen. So ging es Hanna, der Heldin des Buches, beispielsweise mit ihrem Traum. Etwas in ihr drängte sie mit aller Kraft dazu, ihn unbedingt tiefergehend verstehen, emotional und geistig durchdringen, in seiner Ganzheit erfassen zu wollen. Trotz anfänglicher Widerstände spürte sie offenbar sofort seine mächtige Wirkkraft und Bedeutsamkeit für ihr Leben. Ein Mensch wie sie könnte manch anderen Menschen sicherlich dazu motivieren, dem eigenen Drang nach Bewusstwerdung intensiv nachzugehen. Durch die feine und ausgesprochen vielschichtige Verwobenheit ihrer instinktiven, emotionalen und kognitiven Seiten ist es Frauen augenscheinlich in besonderer Weise geschenkt, hierzu einen bedeutenden Beitrag leisten.

Weibliche Weisheit

Der filigranen und hoch differenzierten physischen und psychischen Vernetzung des weiblichen Organismus entspringt die weibliche Weisheit. Sie vermag bewusste und unbewusste Seinsbereiche, Gedanken und Gefühle, körperliche und spirituelle Erfahrungen miteinander zu verbinden. Weibliche Weisheit weiß um die Ganzheit alles Lebendigen. Sie kennt das Maß der Dinge. Der goldene Mittelweg zwischen zu viel und zu wenig ist ihr vertraut. Sie scheut weder die geistigen Energien, noch die instinkthaften Triebe. Sie lebt die tiefen wie die gehobenen Emotionen. Sie weicht nicht zurück vor Faszination und Erschrecken, wenn die archaischen Seinsqualitäten Einzug halten ins Alltägliche. Weibliche Weisheit ist eine Weisheit, die dem umfassenden Wesen der Frau entspringt. Sie ist nicht klein zu halten. Deshalb macht sie Angst, wenn Menschen meinen, sie bekämpfen zu müssen. Die innere Stimme, sofern Menschen sie hören können, vermittelt ihnen häufig ein Wissen, das der weiblichen Weisheit entspringt.

Oft sind Menschen sich etwas gewiss und trauen sich doch nicht, es zu leben. Aus irgendwelchen Gründen verbieten sie sich, die ihnen innewohnende Gewissheit auch nur im Ansatz zu denken, zu fühlen, zu spüren und zu ahnen. Es scheint naheliegend, dass ein solcher Umgang mit sich selbst in die Entfremdung führen kann. Vermutlich schlummern in vielen Menschen Fantasien und Träume, die in ihrer Intensität, Tiefe und Bedeutsamkeit Hannas Traum in nichts nachstehen. Es scheint, als käme es vor allem darauf an, ihnen hinreichend Glauben und Vertrauen zu schenken. Das gestaltet sich möglicherweise nicht leicht, da der Mensch heute in einer Gesellschaft lebt, die der weiten Welt der Seele wenig Existenzberechtigung beimisst. Dabei ist die innere Welt der Seele nicht weniger bedeutsam als die äußere Welt.

Weibliche Weisheit weiß um die körperliche Vergänglichkeit aller Menschen und darum, dass das Akzeptieren der eigenen Sterblichkeit geradewegs zum Leben herausfordert. Sie stößt die Menschen dazu an, das Maximum aus sich herauszuholen, nichts mehr weiter zurückzuhalten aus eigener Angst oder aufgrund von Neidgefühlen und Rivalitätsbestrebungen anderer Menschen. In ihrem Ursprung ist die weibliche Weisheit kognitiv, emotional, sinnlich und intuitiv zugleich. Sie trägt in sich eine mystische Qualität.

Glaube, Gebet, Hoffnung

Manchen Menschen wohnt eine tiefe Ahnung inne, dass es im Leben mehr gibt als das, was sie mit dem äußeren Auge sehen können. Sie spüren ganz genau, dass da noch etwas ist, das hinter allen Dingen liegt. Ihre Gewissheit entspringt nicht dem rationalen Denken oder der Übernahme von Traditionen und Glaubenssätzen. Sie entspringt der Tiefe ihrer Seele. Dadurch, dass es in ihnen diese Gewissheit gibt, fühlen sie sich trotz ihrer Verletzungen und Komplexe getragen von eben diesem, das sie kennen und doch nicht kennen. Je älter ein Mensch wird, desto klarer zeigt sich ihm, dass das, was ihn trägt, viel umfassender, wunderbarer und geheimnisvoller zu sein scheint als einzig das männliche Gottesbild, das zahlreichen in der abendländischen Kultur beheimateten Menschen einmal als absoluter Gott vermittelt wurde.

Mit dem Älterwerden gestalten sich auch die Gebete vieler Menschen in gewissem Sinne weiblicher und freier. Irgendetwas beginnt verstärkt den inneren Impulsen zu trauen. Es erscheint ihnen sinnvoll und gut, wenn sie sich zunehmend auf die Wahrheiten konzentrieren, die sich im Inneren ihrer selbst bemerkbar machen. Was ihnen von außen als richtig aufgedrängt wird, kann ihrer Seele leicht die Luft zum Atmen nehmen. Vermutlich geschieht das vor allem dann, wenn sie sich von äußeren Anforderungen verunsichert, eingeengt und innerlich bedroht fühlen. Die Kraft des Lebens kann zeitweise bedrohlich genug für den Menschen werden, so dass er sich darüber hinaus nicht auch noch unnötig bedrohen zu lassen braucht. Die letzte und tiefste Wahrheit, die ihn glauben, hoffen und beten lässt, kennt nur er selbst. Sie ist allem Anschein nach der wahrste und kostbarste Ausdruck seines Wesens.

Im Verlauf des Buches lernten Leserinnen und Leser durch Hanna eine großartige Vision kennen, die gerade für Frauen besonders bedeutsam werden kann. Viele Frauen sehnen sich intensiv nach Echtheit, Natürlichkeit und einer fried- und liebevollen Zukunft für die Erde, eingebunden in die weite Welt des Kosmos und Universums. Sie spüren unverwechselbar die Anwesenheit einer Großen Göttin, was viele zugleich verunsichert. Sie fürchten, dass mit ihnen irgendetwas nicht stimmen könnte. An der Stelle kann das Buch diejenigen, die das möchten, nur ermutigen, ähnlich der inneren Stimme und dem eigenen Gebet, auch nach dem ganz persönlichen Zugangsweg zu den ureigenen Visionen zu suchen und dem, was aus der tiefen inneren Seelenlandschaft auftauchen möchte, ihr hauptsächliches Vertrauen zu schenken.

Visionäres Handeln

Zu einem erfüllten Leben gehört das Bedürfnis, eine besondere Aufgabe zu haben, die der eigenen Existenz Sinn verleiht und sie einzigartig erscheinen lässt. Menschen möchten gerne für die Gemeinschaft nützlich sein und gebraucht werden. Das einfache Dasein nur allein für sich selbst erscheint ihnen zu banal. Sie schauen sich um nach einem Engagement oder einer Aufgabe, die sie zufrieden macht. Dieser Weg entspricht der vornehmlich extravertierten Haltung der Gesellschaft. Eine andere Möglichkeit wäre, das

Unbewusste zu befragen. Im Schlaf, im Tanz, in der Sexualität, in der Musik, um nochmals einige Möglichkeiten zu nennen, kann der Mensch besonders leichten Zugang zu ihm finden. Vielleicht halten die eigenen Träume und Fantasien eine Botschaft bereit. Oder die innere Stimme weiß einen wichtigen Impuls. Wenn Menschen großes Glück haben, passen das, was ihnen im Außen begegnet und ihre inneren Impulse zusammen. Und es wächst ihre Gewissheit, gefunden zu haben, was ihrem Leben Sinn, Freude und Erfüllung verleiht.

Viele Menschen, gerade Frauen, spüren das Wünschen und Sehnen der Welt nach Lebendigkeit, Verbundenheit und Ganzheit. Umso bedeutsamer scheint es, dass sie sich mit ihrem Ahnen und Wissen einbringen und Verantwortung für die Welt und ihr Wohlergehen übernehmen. Schade wäre, sie würden sich in ihrem Sosein und ihrer inneren Weisheit zurückhalten. Mir scheint, es gehöre zu den urtümlichen Aufgaben aller Menschen, naturverbindend, kulturschaffend und den geheimnisvollen Lebensprozess befördernd zu wirken. Um diesen Aufgaben nachkommen zu können, braucht es Versöhnung in Bezug auf das Leben. Denn für Vieles, das dem Menschen widerfährt, kann er keinen anderen Menschen verantwortlich machen. Es ist die Bürde, die die dunkle Seite des Lebens allen Menschen auflädt. So wunderbar das Leben sein kann, so eine Zumutung ist es zugleich.

Da der heutige Mensch in eine patriarchale Kultur hineingeboren worden ist, muss er sich notwendigerweise mit ihren Strukturen und Wertsystemen auseinandersetzen. Dabei ist ihm freigestellt, nach einem verträglichen Weg innerhalb und außerhalb ihrer zu suchen. Für manche mag dazu das Führen eines Nischendaseins gehören. Findet der Mensch für sich eine passende Spur, kann sie zum Beginn werden, die bestehenden Wert- und Regelsysteme zu verändern. Das bedarf auch einer gründlichen Reflexion dieser Strukturen, Wert- und Regelsysteme. Nicht alles an und in ihnen ist schlecht. Einen prinzipiellen Groll gegen sie zu hegen aufgrund ihrer langandauernden übermächtigen Einseitigkeit, sie aus ähnlicher Kampfeshaltung heraus zu torpedieren und den Dualismus so fortzuführen, wird wahrscheinlich kaum angemessen sein. Überall da, wo Starrheit und Sturheit entstehen, wo leer und hohl Gewordenes sich zeigt, Langweiliges und Lebloses vorherrscht, scheint mir Vorsicht angebracht. Möglicherweise leiden beinahe alle Menschen unter der Einseitigkeit der Spaltung.

In Bezug auf das gemeinsame Grundleiden spielt das Geschlecht vielleicht eine eher untergeordnete Rolle.

Mir scheint, als wäre es an der Zeit, dass der Mensch seinen modernen Lebensstil zu überdenken beginnt. Täglich setzt er sich in hohem Maß der Reizüberflutung und den vielen anderen Umweltgiften aus. Möglicherweise tut er gut daran, zu schauen, inwieweit er sich diesen schädlichen Einflüssen entziehen kann. Vielleicht ist es Teil seiner Aufgabe, mitzuhelfen, diese Einflüsse, wo nur möglich, zu verringern. Gerade Frauen, als selbst Nahrung spendende Wesen, wissen recht gut, was es bedeuten kann, sich selbst und anderen einen Giftcocktail zu verabreichen. Ihr inneres Wissen sagt ihnen auch, was für ein gesundes Leben auf dieser Erde notwendig ist und wie z. B. eine gesunde körperliche und seelische Ernährung aussieht. Es könnte so hilfreich sein, sie würden diese weibliche Weisheit als allgemeingültig anerkannte Weisheit in das alltägliche Leben soweit als irgend möglich mit aktiv einbringen.

Es scheint auch an der Zeit, dass Menschen sich noch stärker bemühen, aus dem Entweder-Oder-Kampf auszusteigen. Dazu müssten sie vielleicht noch mehr vertrauen, unterscheiden und entscheiden lernen. Was den langandauernden Kampf der Geschlechter angeht, mag es hilfreich sein, Frauen und Männer gäben sich miteinander eine ganz neue Chance und begännen wirklich, sich als gleichwertige und gleichberechtigte Menschen zu sehen, sich ehrlich aneinander teilhaben zu lassen, einander in ihrer jeweiligen Eigenart besser zu verstehen. Sie könnten sich in vielerlei Hinsicht gegenseitig ergänzen. Überall, wo sie eine konstruktive Offenheit füreinander entwickelten, könnten sie voneinander lernen und profitieren. Und es würde sich ihnen eine neue Dimension eröffnen, das Geheimnis des Lebens noch mannigfaltiger und einheitlicher wahrzunehmen.

Frauen und Männer tragen vielerlei ähnliche Qualitäten in sich, die lediglich in ihrer Intensität unterschiedlich ausgeprägt zu sein scheinen. Wie im Buch weiter vorne beschrieben, ist die Vorstellung vom kosmischen Menschen, der urtümlich weibliche und urtümlich männliche Aspekte in sich vereint, uralt. Die Überwindung eines allzu geschlechtsspezifischen Denkens könnte auch bedeuten, Homosexualität, Paare mit großem Altersunterschied, Dreiecksbeziehungen und weitere alternative Lebensformen stärker noch zu legitimieren.

Es führt kaum weiter, wenn Menschen einander klein halten, manipulieren, verbieten und zerstören. Anstatt sich noch länger mit derartigen Waffen zu attackieren, könnte es doch hilfreicher sein, sie würden neben dem offenen, häufig aggressiven Machtspiel, Besitzstreben und der ständigen Suche nach Bestätigung ihren Neid, ihre Rivalitäten und Intrigen eindämmen. Denn die Aufgabe jedes einzelnen Menschen sowie der Menschheit scheint mir von außerordentlicher Größe und Bedeutsamkeit. Offenbar sind alle Menschen miteinander dazu berufen, genau hinzuschauen und hinzuhören, ihr Wissen, so wie es sich ihnen offenbart, auszusprechen und sich mit ganzem Herzen und gemeinsam für die Zukunft dieser einzigartigen Welt inmitten des grandiosen Kosmos zu engagieren.

In allem scheint es an der Zeit, viel weiträumiger zu denken. Wenn der Mensch die Früchte seiner Bemühungen heute nicht mehr erleben wird, so tut er es doch für seine Kinder und Kindeskinder und für die Zukunft der Welt. Wäre es nicht eine überaus glückliche Entwicklung, er würde seinen offenbar unermüdlichen Überlebensdrang zu transzendieren beginnen und anfangen zu begreifen, dass er als einzelnes Menschenwesen in einen umfassenden natürlichen, zauberhaften und geheimnisvollen Prozess eingebunden ist, der sich im beständigen Rhythmus von Sterben und Werden ereignet und fortbewegt? Und wäre es nicht wunderbar, er würde zugleich auch seine einzigartige Bedeutsamkeit in diesem geheimnisvollen Lebensprozess entdecken und verstehen lernen? Die Anerkennung der eigenen Bedeutsamkeit scheint mir die Voraussetzung dafür zu sein, dass er aufstehen und verantwortlich handeln kann. Dazu müsste er sich wohl aber bewusst entscheiden, immer wieder neu zentrieren und entschiedener darauf konzentrieren.

Über alles hinaus lässt sich fragen, ob es für alle Menschen, Frauen wie Männer, nicht noch vielmehr darum gehen könnte, das kosmische Leben, das ihnen als ureigene Geschöpfe geschenkt worden ist, in seiner ganzen Fülle zu würdigen, zu feiern und zu befördern. Jeden Morgen, jeden Mittag, jeden Abend und jede Nacht gäbe es für Menschen wahrscheinlich so viel zu entdecken, wozu sie aus ganzem Herzen, mit voller Dankbarkeit und einem Lachen im Gesicht ihr gemeinsames, einsames, mitfühlendes und tief empfundenes JA entschieden und einfach sagen könnten.

Das Hohe Lied der Liebe

Liebe Leserin, lieber Leser,

das Buch schließt ab mit dem Hohen Lied der Liebe, auch Hohelied Salomonis. Vielleicht fühlten sich manche unter Ihnen im Verlauf des Buches stellenweise daran erinnert. Das Hohe Lied der Liebe findet sich zur Irritation Vieler in der Bibel. In seiner Interpretation bleibt es bis heute umstritten. Lange versuchte man, es als eine Allegorie auf die Liebe zu Gott zu verstehen oder auch als eine Sammlung volkstümlich jüdischer Lieder, möglicherweise Hochzeitslieder, anzusehen. Eine weitere Vermutung ist, dass das Hohe Lied der Liebe ein uraltes Kultlied ist, in dem ein frühes orientalisches Götterpaar seine Heilige Hochzeit feiert. Und vielleicht fließen in ihm auch beide Aspekte zusammen und lassen es so zu einem mystischen Lied werden. Einem Lied, das den irdischen Liebesgenuss, der Körper und Seele zweier Menschen, hier Sulamit und Salomon, vollständig zu erfassen vermag, genauso intensiv und voller Respekt beschreibt, wie die tief in die menschliche Seele eingeschriebene Sehnsucht nach der symbolischen Vereinigung mit dem Göttlichen. Wenn sich zwei Menschen in wirklicher Liebe begegnen, mag es sich ein Stück weit vergleichbar den Worten anfühlen, mit denen das Hohe Lied der Liebe es zu beschreiben sucht. Die Offenheit, mit der hier über den Körper, über Sexualität, Lust und Leidenschaft gesprochen wird und über die Sehnsucht nach dem und der Geliebten, wirkt eindrücklich und berührend. Parallelen zu Hannas ureigenem Lied der Liebe sind ganz offensichtlich.

Ich beschwör euch, Töchter Jerusalems:
Wenn meinen Geliebten ihr findet,
was wollt ihr ihm dann melden?
Dass ich krank bin vor Liebe!
Was ist dein Geliebter vor anderen Geliebten,
dass du uns so beschwörst?
Mein Geliebter strahlt weißlich und rosa
und ist unter Tausenden zu erkennen.
Sein Haupt ist gediegenes Gold,
seine Locken sind Dattelrispen,
wie die Raben so schwarz.
Seine Augen sind wie Tauben
an Wasserbächen, gebadet in Milch,
ruhend auf dem Damm.
Seine Wangen sind wie Balsambeete,

in denen Würzkräuter sprießen;
wie Lilien sind seine Lippen,
tropfend von flüssiger Myrrhe.
Seine Hände sind Barren von Gold,
mit Tarsissteinen besetzt;
eine Elfenbeinplatte ist sein Leib,
bedeckt mit Saphiren.
Seine Schenkel sind Marmorsäulen,
gestellt auf Sockel von Feingold.
Sein Anblick ist wie der Libanon,
auserlesen gleich Zedern.
Müßigkeit ist sein Gaumen,
seine ganze Person lauter Lust.
Das ist mein Geliebter,
ja das ist mein Freund,
ihr Töchter Jerusalems!
Wende dich, wende dich,
Sulamit, wende dich,
damit wir dich sehen können!
Was wollt ihr sehen an Sulamit?
Etwas wie einen Lagertanz?
Wie sind deine Schritte so schön
in den Sandalen, du Fürstentochter!
Der Bug deiner Hüften
gleicht einem Geschmeide,
einem Werk von Künstlerhänden.
Dein Schoß ist ein rundes Becken,

es mangele ihm nie der gewürzte Wein!
Dein Leib ist ein Weizenhaufen,
von Lilien umhegt.
Deine beiden Brüste sind zwei Kitzlein,
wie Zwillinge einer Ricke.
Dein Hals ist wie ein Elfenbeinturm,
deine Augen wie die Teiche von Hesbon
am Tor von Bat-Rabbim,
deine Nase wie der Libanonturm,
der gegen Damaskus schaut.
Dein Haupt über dir ist wie der Karmel,
deines Hauptes Geflecht gleicht
Königspurpur, gebunden in Zöpfen.
Wie bist du so schön und so lieblich,
o Liebe in Wonnen!
Deine Gestalt ist der Palme gleich,
deine Brüste sind wie Trauben.
Ich dachte, ich will auf die Palme klettern,
will pflücken die Dattelrispe
und deine Brüste sollen mir sein
wie Trauben des Weinstocks,
der Duft deines Atems wie Apfelduft.
Und dein Mund soll mir sein
wie der edelste Wein,
der glattweg fließt zu meinen Liebkosungen,
meine Lippen und Zähne benetzend

„Ich gehöre meinem Geliebten an und nach mir hat er Verlangen".

(Hohelied Salomonis, zit. nach: Hamp, Vinzenz u.a.: Die ganze heilige Schrift des Alten und Neuen Testamentes, 1979)

Der Künstler Gustave Moreau (1893), vom Hohen Lied der Liebe inspiriert, versuchte Sulamit, die Liebende und Geliebte Salomons, zu malen. Auf dem Buchtitel ist sein Werk „Das Lied der Lieder" (Cantique des Cantiques) abgebildet. Es zeigt die grandiose Erscheinung einer durch und durch liebenden und geliebten Frau. Kraftvoll und bodenständig, mutig, sicher und erhaben wirkt sie. Von milder Warmherzigkeit und erotischer Leidenschaft scheint sie durchdrungen. Selbstbewusstsein, Klarheit und weibliche Weisheit strahlt sie aus. Die orientalische Aura, die sie umgibt, weckt tiefe Sehnsucht nach dem weiblichen Geheimnis.

Die Träumerin des Buches scheint sich auf einem vergleichbaren Weg in diese Richtung zu befinden. Moreau taucht das Bild in blaue Farbe. Sie erinnert an den blauen Umhang, den Hanna am Ende ihres Traumes empfängt. Von diesem Moment an umgibt sie sich bewusst mit den Kräften des Kosmos. Ihr nacktes Wesen hat an Durchsichtigkeit und Transparenz gewonnen, an Echtheit, Einfachheit, Klarheit, Liebes- und Beziehungsfähigkeit. Hanna fühlt sich fortan mit ganzem Herzen eingebunden in die Fülle, Ganzheit und Einheit der ewig rhythmisch pulsierenden kosmischen Lebenspracht.

Konnte sich im Verlauf des Buches auch für Sie eine Spur auftun, die das nackte Leben so echt und natürlich wie möglich voller Dankbarkeit zu feiern sucht? Und weckt diese Spur vielleicht auch in Ihnen ein tiefes Sehnen danach, der ureigenen Berufung als Schöpfer und Schöpferin ebenso wie als Geschöpf der Erde bewusst Raum und Zeit zu schenken? Wie dem auch sei, ich wünsche Ihnen in jedem Fall alles Liebe und Gute, wohin auch immer Ihr weiterer Weg sie führt. Und wer weiß, vielleicht begegnen wir uns ja irgendwann einmal wieder.

Mögen Sie behütet sein!

Ihre Sabine Grumann

Literatur

Allende, Isabel, Aphrodite. Eine Feier der Sinne. Frankfurt am M.: Suhrcamp, 1999.

Aliti, Angelika, Das Maß aller Dinge. Die dreizehn Aspekte weiblichen Seins, München: Frauenoffensive, 2000.

Argüelles, Miriam & José, Weiblich. Weit wie der Himmel, Haldenwang: Irisiana, 1979.

Biedermann, Hans, Knaurs Lexikon der Symbole, München: Droemer Knaur, 1989.

Bolen, Jean Shinoda, Feuerfrau und Löwenmutter. Ein spiritueller Leitfaden, München: dtv, 2005.

Bolen, Jean Shinoda, Göttinnen in jeder Frau. Psychologie einer neuen Weiblichkeit, Basel: Sphinx, 1993.

Camphausen, Rufus, Yoni. Die Vulva. Weibliche Sinnlichkeit Kraft der Schöpfung, München: Diederichs, 1999.

C.G.Jung-Gesellschaft Stuttgart (Hrsg.), J ung Journal. Eros und Sexualität, Heft 34, Jahrgang 18, Stuttgart: opus magnum, 2015.

Dalai Lama, Der Weisheit des Herzens folgen. Warum Frauen die Zukunft gehört, München: dtv, 2010.

Daniélou, Alain, Der Phallus. Metapher des Lebens, Quelle des Glücks - Symbole und Riten in Geschichte und Kunst, München: Diederichs, 1998.

Die Bibel, Einheitsübersetzung. Altes und Neues Testament, Freiburg: Herder 1980.

Estés, Clarissa Pinkola, Die Wolfsfrau. Die Kraft der weiblichen Urinstinkte, München: Wilhelm Heyne, 1993.

Grumann, Sabine, Öffne dem Wunder Dein Ohr. Mit Musik und Tanz dem Fluss des Lebens folgen, Stuttgart: opus magnum, 2014.

Harding, Esther, Der Weg der Frau, Zürich: Rhein, 1962.

Harding, Esther, Frauen-Mysterien. Einst und Jetzt, Zürich: Rascher, 1949.

Herderlexikon, Symbole, Freiburg: Herder, 1978.

Höhler, Gertrud, Koch, Michael, Der veruntreute Sündenfall. EntZweiung oder neues Bündnis, Stuttgart: DVA, 1998.

Hamp, Vinzenz u.a., Die ganze heilige Schrift des Alten und Neuen Testamentes. Das Buch der Bücher, Gütersloh: Prisma, 1979.

Jung, C.G., Mysterium Coniunctionis I-III, Olten: Walter, 1972.

Lambert, Paula, Ziegler, Helmut, Brüste. Das Buch, Berlin: Rogner & Bernhard, 2012.

Morris, Desmond, Die nackte Eva. Der weibliche Körper im Wandel der Kulturen, München: Wilhelm Heyne, 2006.

Müller, Lutz, Der Held. Jeder ist dazu geboren, Zauber der Mythen, Zürich: Kreuz, 1987.

Müller, Lutz, Des Kaisers neue Kleider. Warum man nicht immer eine gute Figur machen muss, Weisheit im Märchen, Zürich: Kreuz, 1995.

Müller, Lutz, Das Leben ist ein Mysterium. In: Seifert, Theodor und Ang Lee (Hrsg.): Sinn erleben. Improvisationen über das Lebensthema. Berlin: Pro Buissness, 2004. S.89-96.

Müller, Lutz, Knoll, Dieter, Ins Innere der Dinge schauen. Selbst-Erfahrung und schöpferisches Leben mit Symbolen, Stuttgart: opus magnum, 2012.

Müller, Lutz, Lebe Dein Bestes. Quintessenz der Lebenskunst und Selbst-Verwirklichung, Stuttgart: opus magnum, 2015.

Neumann, Erich, Die große Mutter. Eine Phänomenologie der weiblichen Gestaltungen des Unbewussten, Olten: Walter, 1974.

Neumann, Erich, Tiefenpsychologie und neue Ethik, München: Kindler, 1964.

Neumann, Erich, Zur Psychologie des Weiblichen, München: Kindler, 1975.

Northrup, Christiane, Frauenkörper Frauenweisheit. Wie Frauen ihre ursprüngliche Fähigkeit zur Selbstheilung wiederentdecken können, München: Zabert Sandmann, 1998.

Olbricht, Ingrid, Verborgene Quellen der Weiblichkeit. Die Brust – das enteignete Organ, Stuttgart: Kreuz, 1985.

Sanyal, Mithu M., Vulva. Die Enthüllung des unsichtbaren Geschlechts, Berlin: Wagenbach, 2009.

Schmidt-Salomon, Michael. Hoffnung Mensch. Eine bessere Welt ist möglich. München: Piper, 2014.

Osenberg-van Vugt, Ilka (Auswahl und Zusammenstellung), Frauen fühlen bunter. herzlich kraftvoll spirituell, Eschbach: Eschbach der Schwabenverlag AG, 2015.

Stutz, Pierre, Deine Küsse verzaubern mich. Liebe und Leidenschaft als spirituelle Quellen, München: Kösel, 2012.

Riedel, Ingrid, Die gewandelte Frau. Vom Geheimnis der zweiten Lebenshälfte, Freiburg: Herder, 1998.

Riedel, Ingrid, Frau Holle. Wie aus der ungeliebten Tochter eine starke Frau wird, Stuttgart: Kreuz, 2005.

Ronneberg, Ami, Martin, Kathleen, Das Buch der Symbole. Betrachtungen zu archetypischen Bildern, Köln: Taschen, 2011.

Seifert, Theodor, Schneewittchen. Das fast verlorene Leben, Weisheit im Märchen, Zürich: Kreuz, 1983.

Signell, Karen A., Frauenträume. Zugang zur Weisheit des Herzens, Solothurn und Düsseldorf: Walter, 1994.

Underhill, Evelyn, Mystik. Entwicklung des religiösen Bewusstseins im Menschen, Bietigheim/Württ.: Turm, 1928.

Williams, Florence, Der Busen. Meisterwerk der Evolution, München: Diederichs, 2013.

Wolf, Naomi, Vagina. Eine Geschichte der Weiblichkeit, Reinbek: Rowohlt, 2014.

Woodman, Marion, Heilung und Erfüllung durch die Große Mutter. Eine psychologische Studie über den Zwang zur Perfektion und andere Suchtprobleme als Folgen ungelebter Weiblichkeit, Interlaken: Ansata, 1987.

Zink, Jörg, Entdecken, was uns verbindet. Spirituelle Texte aus allen

Sabine Grumann
Öffne dem Wunder Dein Ohr
Mit Musik und Tanz dem Fluss des Leben folgen
opus magnum, 264 Seiten, 16,90 €
ISBN-13: 978-3939322498

Das Buch lädt ein zu einer Reise durch das Reich der Musik und des Tanzes. Unsere Fähigkeit zu hören eröffnet uns eine Möglichkeit, das Klingen des Lebens in der Welt und in unserem Inneren intensiver wahrzunehmen, uns der vielfältigen Lebensmusik bewusst zu werden und sie in unser Dasein zu integrieren. So werden wir immer mehr eins mit uns selbst und zugleich Teil der großartigen Symphonie des Lebens.

Lutz Müller
Trotzdem ist die Welt ein Rosengarten
Zum Glück des Seins erwachen
und das Wunder des Lebens feiern
opus magnum, 244 Seiten, 16,90 €
ISBN-13: 978-3939322535

Die Einsicht, dass wir bereits hier, in diesem Augenblick, so wie wir gerade sind, Anteil haben an einem der unfassbarsten Ereignisse, das sich denken lässt, vermag dem Leben Glanz, ungeahnte Fülle und tiefen Sinn zu vermitteln. Anhand von fünf archetypischen Prinzipen ermutigt der Autor, das Wunder des Lebens in Liebe, Freiheit, Weisheit, schöpferischer Handlung, Staunen und Humor zu feiern.

Sabine Hertweck
Das Momo-Prinzip
„Geh doch zu Momo!"
oder: Aufbruch in eine neue Welt
opus magnum, 84 Seiten, 9,90 €
ISBN-13: 978-3939322849

Das Momo-Prinzip ist eine Sammlung von zehn einfachen Weisheiten aus Michael Endes Märchenroman „Momo", die als Wegbegleiter zur Meditation und Selbsterfahrung dienen können. Sie alle weisen uns darauf hin, wie einzigartig und kostbar das Leben jedes einzelnen Menschen ist. Themen sind z. B. Sei ganz einfach du selbst - Bewahre dir dein inneres Kind - Lass dir Zeit und sei im Augenblick deines Lebens verwurzelt - Sei dir deiner kosmischen Verbundenheit bewusst - Dankbarkeit.